一本书搞懂

YI
BEN
SHU
GAO
DONG

房地产

FANGDICHAN

何志阳　主编

化学工业出版社

·北京·

本书主要以房地产的运作和整个开发周期全过程为主线，主要介绍了房地产项目前期开发、房地产项目前期运作、房地产项目运作管理、房地产项目营销管理以及房地产项目财务管理等内容。本书通过图解的方式，将房地产企业运作过程中的业务模块一一分解，简单易懂，实用性强。

本书可帮助企业管理者在房地产企业运作的全过程中提升工作能力，使其为企业的管理创造价值，发挥更大作用。

图书在版编目（CIP）数据

一本书搞懂房地产/何志阳主编. —北京：化学工业出版社，2017.7 （2021.4重印）
ISBN 978-7-122-29771-6

Ⅰ.①一… Ⅱ.①何… Ⅲ.①房地产–基本知识
Ⅳ.①F293.3

中国版本图书馆CIP数据核字（2017）第118179号

责任编辑：陈　蕾　　　　　　　　　装帧设计：尹琳琳
责任校对：边　涛

出版发行：化学工业出版社（北京市东城区青年湖南街13号　邮政编码100011）
印　　装：三河市延风印装有限公司
710mm×1000mm　1/16　印张12¼　字数226千字　2021年4月北京第1版第6次印刷

购书咨询：010-64518888　　　　　　　　　售后服务：010-64518899
网　　址：http://www.cip.com.cn
凡购买本书，如有缺损质量问题，本社销售中心负责调换。

定　　价：58.00元　　　　　　　　　　　　　　　版权所有　违者必究

前言

房地产市场已经成为人们关注的焦点。但是,对于房地产企业自身来说,往往难以积累成熟的管理经验。一方面是市场环境变化之快,使企业疲于应付,管理者变得浮躁而失于思考、粗放而失于严谨;另一方面,土地、资金等资源又限制了大部分地产企业并没有可能进行大量的项目开发,因而没有机会逐步累积经验,更无法总结出一套管理模式。开发项目的成败、管理效率的高低,几乎维系于少数管理者的素质、经验、道德以及企业自己完全无法掌控的运气。所以,全面掌握房地产企业的全过程项目管理,对于房地产企业,尤其是中小房地产企业的重要性是不言而喻的。

不论房地产市场如何跌宕起伏,对于房地产企业和房地产开发人员来说,还是要对房地产的运作和整个开发周期全过程,从项目前期开发、项目前期运作、项目运作管理、项目营销管理、项目财务管理整个过程有一个系统的认识和管理。尽管房地产项目管理在计划、组织、指挥、协调、控制上与一般的企业管理方法存在区别,但理论和原理上并无实质差异,项目管理是一般管理方法在具体项目的中运用。

基于此,我们组织编写了《一本书搞懂房地产》,把房地产运作过程中业务模块通过图解的方式一一分解,简单易懂,实用性强,着重突出可操作性,可帮助企业管理者在房地产企业运作的全过程中提升工作能力,使其为企业的管理创造价值、发挥更大的作用。

《一本书搞懂房地产》涵盖了房地产的方方面面,具体包括以下几大模块:

◇房地产项目前期开发;
◇房地产项目前期运作;
◇房地产项目运作管理;
◇房地产项目营销管理;
◇房地产项目财务管理。

在《一本书搞懂房地产》的编写过程中,获得了许多房地产策划机构、房地产一线从业人员和朋友的帮助与支持,其中参与编写和提供资料的有王高翔、王玲、文伟坚、刘少文、陈世群、李超明、李景吉、李景安、匡五寿、匡仲潇、吴日荣、张燕、张杰、张众宽、张立冬、郭华伟、郭梅、秦广、黄河、董超、姚根兴、靳玉良、鲁海波、鞠晴江、杨婧，最后全书由何志阳审核完成。在此对他们一并表示感谢！

由于编者水平有限，书中不足之处在所难免，希望广大读者批评指正。

编者

目录 CONTENTS

第一章 房地产项目前期开发 ······ 1

从某种意义上说，一个开发项目是否成功，房地产开发企业能否获得预期的收益，是由项目前期开发阶段的市场调研、项目选择研究、项目定位等因素决定的，而能否实现房地产企业的最初设想，在项目前期开发阶段进行策划至关重要。

第一节 开发项目市场调研 ······ 2

调研01：市场宏观环境分析 ······ 3
调研02：房地产市场调查 ······ 5
  相关链接 土地出让的方式 ······ 7
调研03：购房者行为调查分析 ······ 10
调研04：竞争对手调研分析 ······ 12
调研05：地块基本状况调研分析 ······ 14

第二节 开发项目选择 ······ 15

选择01：开发城市选择 ······ 15
选择02：开发地段选择 ······ 16
选择03：开发管理模式选择 ······ 18
  相关链接 常见的开发管理模式 ······ 19
选择04：产品模式选择 ······ 20
选择05：融资方案选择 ······ 21
  相关链接 房地产开发常见的融资方式 ······ 21

第三节 开发项目可行性研究 ······ 22

研究01：可行性研究的步骤···22
　　研究02：可行性研究的内容···24
　　研究03：可行性研究的重点···29
　　研究04：可行性研究报告··31

第四节　开发项目市场定位··32

　　定位01：目标市场选择的意义···32
　　定位02：确定目标市场的原则···33
　　定位03：目标市场选择的条件···33
　　定位04：确定目标市场的策略···34
　　定位05：影响目标市场策略选择的因素·······································36

第二章　房地产项目前期运作··39

　　做好房地产开发项目前期准备工作，是房地产企业自身发展的一个重要过程。前期运作阶段是整个房地产建设项目的龙头，也是建设项目能否充分发挥经济效益的关键。

第一节　项目土地获取···40

　　获取01：以出让方式取得土地使用权···41
　　获取02：以划拨方式取得土地使用权···43
　　获取03：以转让方式取得土地使用权···45
　　获取04：获取国有土地使用权的费用···46
　　获取05：开发建设中的城市房屋拆迁···47
　　　　相关链接　获得项目地块前落实事项······································49

第二节　房地产"五证"办理···52

　　办理01：建设用地规划许可证···52
　　办理02：国有土地使用证···54
　　办理03：建设工程规划许可证···54

办理04：建设工程施工许可证……56

办理05：商品房销售（预售）许可证……57

第三节　项目规划设计……59

设计01：项目规划的总体构思……59

设计02：空间关系处理……60

设计03：项目总体规划的要求……61

设计04：项目总图竖向的要求……62

设计05：项目附属用房的规划……63

设计06：室外环境的规划……63

设计07：道路规划……64

第四节　项目招投标管理……65

要点01：项目工程招标的范围……65

要点02：工程监理招标……66

要点03：工程勘察设计招标管理……69

要点04：项目工程施工招标管理……71

第三章　房地产项目运作管理……75

随着社会的发展，现代建筑工程结构变得更加复杂，规模变得更大，标准要求也随之更高，由此可见，房地产项目管理是一个复杂的过程，它的顺利完成不仅需要投入人力、物力和资金等，更需要对项目进行高效运营管理。

第一节　项目进度控制……77

进度01：项目进度控制的范围……77

进度02：项目进度的事前控制……79

进度03：项目进度的事中控制……81

进度04：项目进度的事后控制……83

进度05：项目进度偏差控制……84

相关链接　项目进度偏差产生的原因……………………………………85

第二节　项目质量控制……………………………………………86

质量01：项目质量管理的主要对象……………………………………86
质量02：项目开发前期质量控制………………………………………87
质量03：项目设计阶段的质量控制……………………………………88
质量04：项目施工阶段的质量控制……………………………………91

第三节　项目安全管理……………………………………………96

安全01：提高施工人员的安全防护能力………………………………96
安全02：加强施工现场的安全防护检查………………………………97
安全03：施工现场安全管理的措施……………………………………99
相关链接　施工现场安全管理存在的问题……………………………102

第四节　工程验收管理……………………………………………103

验收01：项目竣工验收的资料…………………………………………104
验收02：项目竣工验收的条件…………………………………………105
验收03：项目竣工验收的依据…………………………………………105
验收04：项目竣工验收各阶段的工作内容……………………………106
验收05：项目竣工验收的步骤…………………………………………108

第四章　房地产项目营销管理………………………………111

　　房地产营销是房地产经营中的一个重要环节，强有力的房地产市场营销活动不仅可以促进地区的经济繁荣，还有助于将计划中的房地产开发建设方案变成现实，使每一宗物业都顺利出售或出租。

第一节　项目营销策划……………………………………………112

策划01：项目前期营销策划……………………………………………113
策划02：项目导入期营销策划…………………………………………114

策划03：项目开盘期营销策划 ······ 117

策划04：项目持续期营销策划 ······ 120

策划05：项目尾盘期营销策划 ······ 121

策划06：项目交付前营销策划 ······ 122

第二节　项目营销模式 ······ 123

模式01：广告营销 ······ 123

模式02：品牌营销 ······ 126

模式03：假日营销 ······ 128

模式04：展会营销 ······ 130

模式05：网络营销 ······ 131

模式06：O2O营销 ······ 134

模式07：众筹营销 ······ 135

第三节　项目阶段销售 ······ 138

阶段01：预热阶段 ······ 138

阶段02：开盘阶段 ······ 139

阶段03：强销阶段 ······ 142

阶段04：持续阶段 ······ 144

阶段05：尾盘阶段 ······ 147

第四节　案场销售流程 ······ 149

流程01：客户接待流程 ······ 149

流程02：议价流程 ······ 154

流程03：定房流程 ······ 155

流程04：签约流程 ······ 156

第五章　房地产项目财务管理 ······ 161

企业管理的核心是财务管理，鉴于行业的特殊性，房地产企业的财务管控尤其重要。任何致力于持续健康、稳健发展的房地产企业，均会把企业的财务管控放在首要位置。

第一节　全面预算管理 ··· 162

预算01：设置全面预算管理组织 ································· 163
预算02：制定全面预算管理程序 ································· 163
预算03：建设全面预算管理制度 ································· 167
预算04：房地产企业预算编制过程 ······························ 167
预算05：推行全面预算管理的措施 ······························ 168

第二节　资金管理 ·· 169

资金01：资金的预算管理 ·· 169
资金02：资金的筹措工作 ·· 170
　　相关链接　房地产企业的融资渠道 ······················· 171
资金03：资金的风险管理 ·· 172
资金04：资金的监督管理 ·· 173

第三节　会计核算管理 ·· 173

核算01：会计核算对象 ··· 173
核算02：设计和调整会计单据 ···································· 174
核算03：会计科目与账簿设置 ···································· 174
核算04：统一会计核算程序和规则 ······························ 179

第四节　税务管理 ·· 179

税务01：房地产企业涉及的税种 ································· 179
税务02：不同阶段涉及的税种 ···································· 180
税务03：纳税筹划 ··· 181
税务04：涉税风险的防范 ·· 182

第一章 房地产项目前期开发

从某种意义上说,一个开发项目是否成功,房地产开发企业能否获得预期的收益,是由项目前期开发阶段的市场调研、项目选择研究、项目定位等因素决定的,而能否实现房地产企业的最初设想,在项目前期开发阶段进行策划至关重要。

阅读指引

深化项目前期开发工作是提高投资决策水平、确保投资效益的需要，同时对向上积极争取项目和资金、广泛吸引各方投资、尽快发挥投资对经济增长和社会发展的支撑作用，具有十分重要的现实意义。

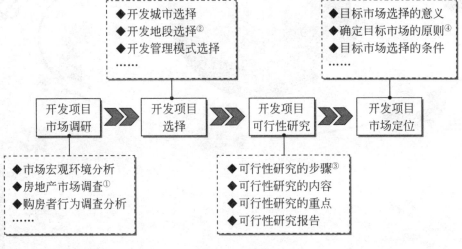

图示说明：

① 房地产市场调查包括以下几个方面：房地产需求预测、现有商品房分析、市场土地出让分析、房地产价格走势分析、房地产物业类型分析、开发商销售情况分析、三级市场交易情况分析、区域房地产政策法规。

② 地段应是一个综合指数的表现。地段包括较完善的交通、教育、医疗配套。此外，地段也包括商业历史积累、业态发展、经营水平、建筑形态、历史文化、消费习惯、人流集聚等。

③ 可行性研究一般按以下五个步骤进行：接受委托、调查研究、方案选择和优化、财务评价和综合评价、编制可行性研究报告。

④ 房地产企业在选择目标市场时要符合以下条件：有足够的市场规模和良好的发展前景、具有良好的盈利能力、符合房地产企业的目标。

第一节　开发项目市场调研

房地产行业作为资金密集型行业，项目运作资金动辄上亿元，十几亿元，甚至几十亿元。丝毫的马虎都有可能导致严重的后果。因此，通过市场调研，使房地产开发商对现有市场充分了解，对产品及营销策略进行评估，不断发现新的市场机会，解决面临的问题，规避市场风险。

调研01：市场宏观环境分析

当今世界，企业宏观环境的复杂性和动态性较以往历史时期更加显著，企业只有适应环境才能生存，所以企业必须弄清其所处宏观环境的状况，了解宏观环境对自身的影响，并对宏观环境进行评价，为企业的发展指明方向。

1.政治环境分析

房地产企业市场调研人员在对企业所处的政治环境进行分析时，主要分析的内容如下图所示。

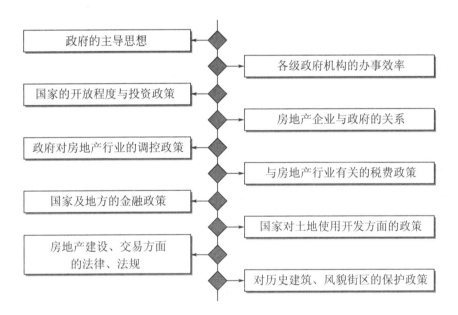

政治环境分析的内容

2.经济环境调查分析

随着经济全球化的日益加剧，世界经济形势对我国的经济运行和发展有着深远的影响。而房地产行业又是国家重点控制和调控的市场，任何经济形势都会对房地产行业有影响。因此，房地产企业在项目开发前期，应对经济环境进行分析，具体内容如下图所示。

房地产行业结构

主要包括国家整体经济结构、房地产行业消费结构、房地产行业供需结构、房地产行业投资结构

市场经济环境

主要包括居民消费模式与消费心理、居民储蓄习惯与信贷情况、通货膨胀率、证券市场行情、房地产行业的市场规模

城市经济发展规划

主要包括城市发展总体规划、城市基础设施建设、城市人口分布、城市经济区域划分

政府经济政策

主要包括固定资产投资政策、存贷款利率与汇率政策、税费政策、对外贸易政策

国家经济发展水平

主要包括国民生产总值及增长率、政府预算赤字、劳动生产率水平、居民消费水平、贫富差距水平、人均收入水平

其他经济环境因素

主要包括商业零售与贸易状况、城市能源和资源状况

经济环境调查分析的内容

3.文化环境调查分析

社会文化往往对房地产行业有着深刻的影响,尤其对房地产项目的定位有着更直接的影响。因此,房地产企业在项目开发前期,也要对文化环境进行分析,具体内容如下图所示。

道德、价值观
主要包括社会文化传统、社会责任、对政府的态度、对工作的态度、对道德的关切程度

民族文化
主要包括民族分布及其特点、宗教信仰及风俗习惯、居民的受教育程度及文化水平

习惯与观念
主要包括对购物及休闲的习惯、职业构成和商业观念、消费与投资观念、人们的审美观念

文化环境调查分析的内容

调研02:房地产市场调查

房地产市场调查是指运用科学的方法,有目的、有计划、系统地判断、收集、记录、整理、分析、研究房地产市场过去及现在的各种基本状况及其影响因素,并得出结论的活动与过程,其目的是为房地产企业预测新项目的未来发展并为制定正确的决策提供可靠依据。

1.房地产需求预测

房地产需求预测是指对房地产未来的发展做出估计,预测提供的信息虽然不是完全准确的,但是可使房地产项目开发的不确定性大大降低。房地产需求预测是制定房地产政策,做出房地产投资决策以及实施房地产经营与开发的重要依据。其预测方法分为两类,具体如下图所示。

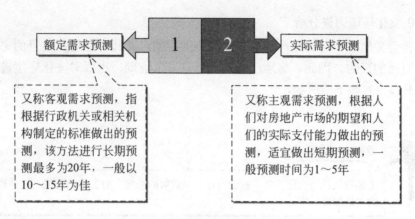

预测方法分类

2.现有商品房分析

如在某一城市,房地产企业市场调研人员应对现有商品房的情况进行详细分析,具体包括下图所示的内容。

商品房的分析项目

3.市场土地出让分析

市场土地出让分析的项目,具体如下图所示。

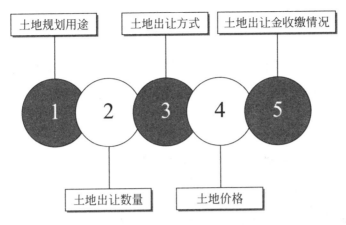

市场土地出让分析的项目

 相关链接 ▶▶▶

土地出让的方式

土地使用权的出让方式是指国有土地的代表（地方人民政府）将国有土地使用权出让给土地使用者时所采取的方式或程序，它表明以什么形式取得土地使用权。《中华人民共和国城市房地产管理法》规定："土地使用权出让，可以采取拍卖、招标或者双方协议的方式。"因此，我国土地使用权出让的方式有以下三种。

1. 拍卖出让

拍卖出让是指在指定时间、地点，利用公开场合，由政府代表主持拍卖土地使用权，对土地公开叫价竞报，按"价高者得"的原则确定土体使用权受让人的一种方式。

拍卖出让主要适用于投资环境好、盈利大、竞争性强的商业、金融业、旅游业和娱乐业用地，特别是大中城市的黄金地段。

2. 招标出让

招标出让是指在规定期限内由符合受让条件的单位或个人（受让方）根据出让方提出的条件，以密封书面投标的形式竞报某地块的使用权，由招标小组经过开标、评标，最后择优确定中标者的一种方式。

招标出让主要适用于一些大型或关键性的发展计划与投资项目。

3. 协议出让

协议出让是指土地使用权的有意受让人直接向国有土地的代表提出有偿

使用土地的愿望，由国有土地的代表与有意受让人进行谈判和磋商，协商出让土地使用有关事宜的一种方式。

协议出让主要适用于工业项目、市政公益项目、非盈利项目以及政府为调整经济结构、实施产业政策而需要给予扶持、优惠的项目。

4.房地产价格走势的分析

影响房地产价格走势的因素，具体如下图所示。

宏观经济走势
房地产市场与宏观经济密切相关，一旦宏观经济增速下滑，房地产市场将会迅速做出反应

地方政府的态度
房地产市场与地方经济密切相关，不排除个别地方出于地方利益保护而出台影响价格措施的情况

宏观调控政策
国家对于房地产市场的宏观调控不断，如最新的"国五条"

心理预期的变化
心理预期是人们对市场走势的综合判断，在其他条件不变的情况下，对市场价格走势起到了推波助澜的作用

影响房地产价格走势的因素

5.房地产物业类型的分类与分析

房地产物业类型的分类与分析，具体内容如下图所示。

类型	说明
普通住宅	以一个楼梯为几户服务的单元组合体，一般被"多、高层住宅"所采用
公寓	户型面积小，配套设施完善，物业管理高于普通住宅
花园式洋房	有花园草坪和车库的独院式平房或二三层小楼，强调"户户有花园"

房地产物业类型的分类与分析

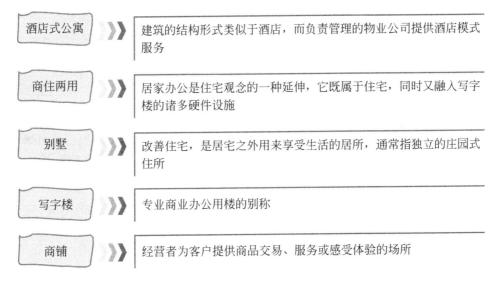

房地产物业类型的分类与分析

6. 开发商销售情况分析

在某一个城市或区域,对开发商销售情况的分析主要包括对其开发量、竣工量、销售面积、营销策略、销售金额进行分析比较,从而为本企业楼盘开发与营销工作制定相应的策略方针。其中,营销策略的分析与比较可以利用经典的4P(产品——Product、价格——Price、渠道——Place和促销——Promotion)模型来进行,具体如下图所示。

4P模型

> **小提示**
>
> 房地产企业应用营销策略组合（4P）模型，可以对楼盘项目的产品组合、价格组合、渠道组合、促销组合进行综合分析。

7.三级市场交易情况分析

三级市场是指购买房地产的单位和个人再次将房地产转让或租赁的市场，也就是房地产再次进入流通领域进行交易而形成的市场，包括房屋的交换。

8.区域房地产政策法规

在对某一个城市或区域进行房地产项目开发前，必须对当地政府在房地产方面的政策法规进行调查分析，明确其对拟开发项目的作用与影响，为前期开发工作提供指导。

调研03：购房者行为调查分析

随着消费者生活水平的提高，人们的精神需求如审美、个人价值实现等需要也日趋重要，而这些都会主导着人们的购房行为。因此，房地产企业在项目开发前期有必要进行购房者行为调查分析。

1.购买行为分析

对房地产消费者的购买行为，可以采用"5W1H"模式，具体内容见下表。

房地产消费者购买行为模式分析

购买行为要素	具体说明	备注
谁来购买（Who）	分析谁是主要购买者，从房地产企业来说，其开发的产品将要卖给哪类消费者，解决的是消费者定位的问题	如外地、有实力的大型企业，在本地设立办事处或分公司后，就需要购买高档住宅
为什么要购买（Why）	消费者的购房动机问题	消费者的购买动机可以分为理性动机和带有感情色彩的动机
在什么时候购买（When）	分析消费者在何时购买或何时更愿意购买，有助于选择合适的时机将楼盘推向市场	如逢双休日、节假日，选购者会比平时多一些
在什么地方购买（Where）	为房地产企业制定销售渠道策略和促销策略提供参考依据	一般消费者倾向于到现场实地了解和查看楼盘
购买什么样的（What）	由于消费者所处的社会环境、经济条件的不同以及心理因素的作用，消费者所需购买的房地产也是多种多样的	如新婚夫妇会购买一室一厅的房子，三口之家可能会购买两室一厅的房子

续表

购买行为要素	具体说明	备注
如何购买（How）	影响到营销活动的状态与产品的设计	如消费者拥有足够的支付能力，可能会选择一次性付款；当支付能力不足时，可能会选择分期付款或以按揭的方式付款

2.购买动机分析

购买者购买动机就是根据各种购买动机所选择的人数，计算占样本总数的比例，根据计算结果分析该片区受访对象的购房动机。

3.产品需求分析

购房者对住房产品的需求分为基本改善型需求、中间型需求、品质追求型需求三种，具体内容见下表。

购房者产品需求特征

产品需求	具体说明	年龄层	收入情况	选择房型
基本改善型	比较关注价格因素，注重住房基本功能的实现	消费者平均年龄在30岁左右	个人收入和家庭年收入较低	主要选择经济适用房，只有少部分人选择普通商品房时，更愿意购买小面积的住房
中间型	追求住房档次与品质，但是在住房品质提高上又不愿多付钱，相对来说较为挑剔	年龄一般在40～50岁	拥有中等的个人年收入和家庭年收入	以经济适用房和普通商品房为主
品质追求型	注重产品的档次与品位，偏好环境高雅、设施高档、小区绿化环境好的社区，对于价格有较高的承受能力	年龄较高	拥有汽车比例最高的一类消费者	以普通商品房为主，兼顾别墅等其他类型

对购房者产品需求调查的项目，具体如下图所示。

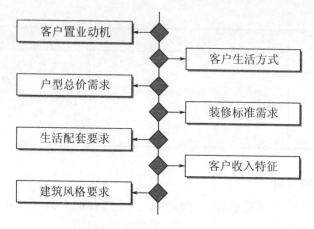

对购房者产品需求调查的项目

调研04：竞争对手调研分析

企业参与市场竞争，不仅要了解谁是自己的顾客，而且还要弄清谁是自己的竞争对手。企业必须密切关注竞争环境的变化，了解自己的竞争地位及彼此的优劣，只有知己知彼，方能百战不殆。

1.竞争对手项目分析

房地产企业对竞争对手调研的项目，包括下图所示的内容。

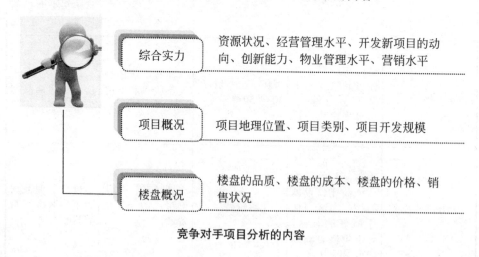

竞争对手项目分析的内容

2.竞争对手类型分析

房地产企业竞争对手主要分为四类，具体内容如下图所示。

愿望竞争者：是指提供不同房地产产品以满足消费者不同需求的竞争者。如商业用房、工业用房、娱乐用房、住宅用房的开发商之间就是愿望竞争者

一般竞争者：是指满足消费者同一种需求的不同房地产竞争者。如普通住宅、高级公寓与别墅的开发商之间就是一般竞争者

产品形式竞争者：是指开发同一种房地产、户型、设计风格和面积有所不同的竞争者。如同时开发普通住宅，但其在开发面积、设计风格及配套设施等方面有所区别

品牌竞争者：开发同一种房地产、户型、设计风格、面积，并且配套设施也相同的竞争者。这类竞争的结果与品牌的知名度关系较大

竞争对手类型

3.竞争对手产品开发分析

对竞争对手产品开发分析的主要内容（包括但不限于）如下图所示。

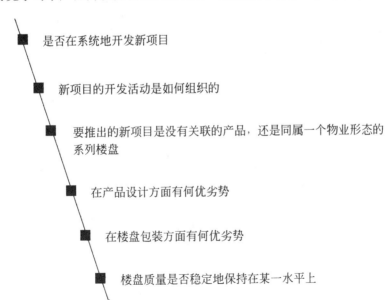

- 是否在系统地开发新项目
- 新项目的开发活动是如何组织的
- 要推出的新项目是没有关联的产品，还是同属一个物业形态的系列楼盘
- 在产品设计方面有何优劣势
- 在楼盘包装方面有何优劣势
- 楼盘质量是否稳定地保持在某一水平上

对竞争对手产品开发分析的主要内容

4.竞争对手营销水平分析

对竞争对手营销水平分析的内容如下图所示。

广告活动
竞争对手在哪些媒体上做广告宣传楼盘；广告活动是否定期推出、推出版面为多少；广告的具体内容是什么；广告播出的时间及长度；广告的覆盖面、播出成本、所采用的广告媒体组合的作用；是否用广告曲刺激、引导消费群体；所采取的公关措施；采取广告措施的实际效果分析

销售策略
对楼盘产品分销的重视和依赖程度；市场份额的比例；主要采取的销售渠道；分销成本；所选销售渠道的形象状况；分销目标和销售策略概述

现场销售
促销活动、现场气氛营造措施、楼盘付款方式

对竞争对手营销水平分析的内容

调研05：地块基本状况调研分析

房地产企业在项目开发前期对地块的基本状况，包括地区气候分析、地块交通状况分析、项目周边配套设施分析等内容，为项目的开发提供依据。

1.项目地区气候调查

对项目地区气候的调查，可以查找地区《市志》、咨询当地的气象台。通过对项目所在地区气候的调研，掌握项目所在地区气候的基本情况。气候调查的主要内容如下图所示。

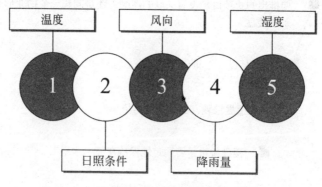

项目地区气候调查的内容

2.项目交通状况调查

对项目交通状况的调查，主要结合市政交通地图实地察看，来了解项目所在地消费者需要的交通条件的便利程度。

3.项目周边配套设施调查

房地产项目开发需要良好的"配套"。对周边配套设施调查的项目，主要包括下图所示的内容。

项目周边的商业配套和社区配套

主要包括交通状况、公交系统情况；大中小学及教育质量情况；医院等级和医疗水平；文化、体育、娱乐设施；大型购物中心、主要商业和菜市场；公园、银行等

市政配套

主要包括道路现状及规划发展；供水状况；污水、雨水排放；有线电视、电话、网络；永久性供电和临时施工用电；燃气、供热及生活用水等

项目周边配套设施调查的内容

第二节 开发项目选择

随着房地产市场的日趋完善，房地产企业对房地产项目的投资开发权的争夺也日趋激烈，市场中风险与机会并存。当房地产企业面对一个房地产项目投资开发的机会时，如何做出正确的选择就成了企业经营的重点。

选择01：开发城市选择

选择房地产开发城市时，要考虑该城市的经济水平、当地政策、文化状况、自然环境、市场供求及购买力等因素。影响房地产开发城市选择的因素如下表所示。

影响房地产开发城市选择的因素

序号	分析因素	具体说明
1	经济环境	（1）选择生产总值较高或增长较快，"三大产业"比重较为合理的城市 （2）选择政府对公共基础设施投资较多的城市 （3）选择物价水平较高、生活水平较高的城市
2	各地政策	（1）研究国家、各城市对房地产的政策，选择政策宽松的城市投资 （2）分析各地政策走势和宏观环境，选择政府支持并提供优惠政策的城市 （3）注意城市历史建筑和风貌街区的保护政策及旧城改造政策
3	城市文化	（1）分析城市人文历史情况，是否与本企业的企业文化相符 （2）分析当地人口数量和人口增长情况 （3）少数民族人口占比、生活习惯、人口素质及分布等情况
4	自然环境	（1）分析城市交通条件、自然区位、交通网络等，选择交通便捷的城市 （2）分析城市自然环境、矿产资源、特产资源等
5	市场供求	（1）分析当地政府近期土地出让情况及土地供应商走势情况 （2）分析当地居住需求状况及当地同类项目情况
6	居民购买力	分析居民购买力，包括收入水平、财产状况、日常消费支出水平等

选择02：开发地段选择

地段应是一个综合指数的表现。地段包括了较完善的交通、教育、医疗配套。此外，地段也包括商业历史积累、业态发展、经营水平、建筑形态、历史文化、消费习惯、人流集聚等。

1.地段选择因素

影响房地产地段选择的因素包括市场环境、自然条件、社会条件、环境条件和城市规划等，具体如下表所示。

影响地段选择的因素

序号	因素类别	具体说明
1	市场环境	（1）市场需求。地块较为稀缺，市场需求较大 （2）政府支持。政府支持本地块周围区域的开发 （3）当地居民。当地居民希望该地块能够得到开发，方便生活
2	自然条件	（1）位置。距离市中心较近的地块较好 （2）地质条件。尽量为原生地，避免开挖地块或回填地块，避免过多隐形成本 （3）地势地形。选择的地势应尽量开阔、平坦或者地势较高，避免低洼地势 （4）地块形状。选择商业地块时，地块边界临街处越长越好

续表

序号	因素类别	具体说明
2	自然条件	（5）日照。应尽量日照充足，避免周边过多的高层建筑 （6）地质灾害。选择地块应避开自然灾害多发区
3	社会条件	（1）基础设施情况。尽量选择基础设施齐全的地块，开发后见效较快 （2）相邻地块的土地属性。地块周边有大型开发商开发高档住宅小区，或者临近大型体育场、公园、绿地、重点中小学等 （3）附近治安情况。需选择治安状况良好的地块，使消费者有安全感 （4）附近工厂情况。附近应无化工厂、矿务企业、机械加工厂等加工制造企业
4	环境条件	（1）污染及噪声较小 （2）卫生情况。项目周边总体卫生状况应较好 （3）绿化程度。绿化程度较高 （4）视觉效果。视野应较为开阔，使消费者感觉较好
5	城市规划	（1）土地用途。土地用途允许范围应较大，便于规划设计；土地用途改变，会有升值预期的地块 （2）容积率。选择容积率允许值较大的地块 （3）覆盖率。允许建造的建筑面积应较大，便于规划设计

2. 地段选择的原则

在选择房地产开发地段时，应注意把握城市发展和扩张的趋势，以便进行地块投资决策，具体原则如下图所示。

由于城市的烟尘污染严重，为了避免其害，上风口地段是较好的投资地段

地势高，受周边环境干扰较小的地块，会有居高临下的感觉，是较好的地段

公路、铁路、地铁沿线进出方便，消费者购物较为便利，是较好的投资地段

开发地段选择原则

近水

有水的地方景色好、空气清新，便于人们休闲娱乐

开发地段选择原则

选择03：开发管理模式选择

根据房地产行业特点，选择的房地产开发管理模式恰当与否与开发项目建设目标能否实现、项目建成后的运行能否取得既定的社会效益和经济效益直接相关。

在选择房地产开发管理模式时，应结合具体的项目扬长避短，选择最合适的管理模式，具体选择时，应考虑项目的复杂程度、实施战略、合同方式和对项目目标的要求。

房地产开发管理模式的选择策略见下图。

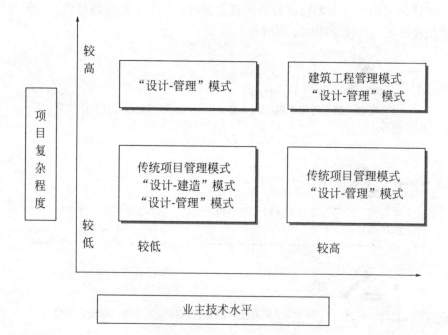

房地产开发管理模式选择策略

相关链接

常见的开发管理模式

房地产常见的开发管理模式，主要有以下四种。

模式1：传统项目管理模式

指委托咨询以及设计单位完成项目前期施工图纸、招标文件等工作，并在设计单位的协助下通过竞争型招标，把工程授予报价低且具备资质的承包商，施工阶段再委托监理机构对承包商的施工进行管理。企业分别与设计机构、承包商和监理机构签订合同。其特点为承包商和监理机构之间无合同关系，并且项目是按设计、招标、建造的顺序进行，只有上一个阶段结束后下一个阶段才能开始。

模式2：建筑工程管理模式

指从工程项目开始阶段，聘请有施工经验的CM经理与本企业设计咨询人员共同负责项目的设计工作。CM经理提供施工方面的建议并负责管理施工过程，在项目初步设计方案确定后，每完成一部分设计，就对该部分工程进行招标，实行阶段发包方式。其特点是CM公司同时还是施工总承包商，企业与CM公司签订CM合同，CM公司作为总承包商再与各分包商供应商签约，并进行协调和管理。

模式3："设计-建造"模式

指将设计与施工委托给"设计-建造"总承包商来完成的项目实施方式。"设计-建造"总承包商对整个项目总成本负责，并可以自行设计或选择一家设计公司进行技术设计，采取招标方式选择分包商，也可以充分利用自己的设计和施工力量来完成大部分设计及施工工作。其特点是需在招标与订立合同时，以总价合同为基础，企业需委托监理工程师，与"设计-建造"总承包商充分沟通并监督其工作。

模式4："设计-管理"模式

指本企业只签订一份包括设计和施工管理服务的合同，在"设计-管理"公司完成设计后，即进行工程招标选择总承包商，在项目施工过程中"设计-管理"公司又作为监理机构对总承包商以及各分承包商的工作进行监督，实施对投资、进度和质量的控制。其特点是同一家公司向企业提供设计和施工管理服务的工程管理方式。

业主对项目目标的不同要求会对相关管理方式的选择产生很大的影响。业主对项目目标的要求主要包括项目质量、项目成本、项目进度、纠纷和索

赔等。不同的开发管理模式对项目目标的影响见下表。

不同的开发管理模式对项目目标的影响

管理模式	项目质量	项目成本	项目进度	纠纷和索赔
传统项目管理模式	较好	较低	最慢	变更时易引起索赔
建筑工程管理模式	较好	较高	最快	可能有较多索赔
"设计-建造"模式	质量可能受到影响	较低	较快	较多索赔
"设计-管理"模式	较好	低	较快	较少索赔

经过分析可以发现，各种开发管理模式各有利弊，企业应根据项目的侧重点及目标来选择合适的项目管理模式，具体选择技巧可参照下表。

项目开发管理模式选择技巧

序号	项目及业主情况	推荐开发管理模式
1	资金充足且有可靠来源，看重项目质量，业主技术和管理能力较好	传统项目管理模式
2	项目工期紧、不明确程度较高，资金较为充裕，业主管理能力较好	建筑工程管理模式
3	业主技术和管理能力较弱	"设计-建造"模式、"设计-管理"模式

选择04：产品模式选择

确立产品模式是企业进行多项目开发的前提和基础，产品模式的选择直接关系着企业的发展战略和经营模式。

房地产项目在选择产品模式定位时，需要充分考虑影响产品模式选择的因素，具体如下图所示。

影响产品模式选择的因素

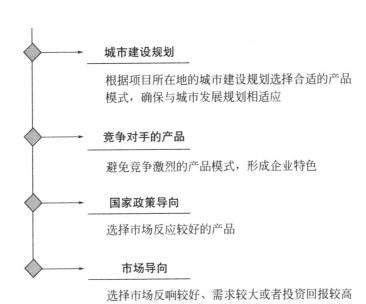

影响产品模式选择的因素

选择05：融资方案选择

一般情况下，房地产开发过程中，可运用银行贷款筹资、合作开发筹资、预售房屋筹资和发行股票筹资等方式进行融资。融资决策人员需分析、计算和比较各种融资方式的利弊，选择其中一种或几种进行组合，制定适合地产项目开发需要的融资方案。

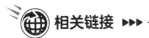相关链接 ▶▶▶

房地产开发常见的融资方式

方式1：银行贷款

银行贷款是指通过向商业银行进行短期或长期贷款进行融资，其特点如下：

（1）灵活性强，公司可根据需要选择银行借款期限的长短；
（2）负担性大，公司必须按时还本付息；
（3）融资程序较简便，融资成本较低，债权人不参与企业利润分配；
（4）筹得的资金有使用方向方面的限制。

方式2：合作开发筹资

合作开发筹资是指通过寻找一家或几家有经济实力的房地产企业合作开发房地产项目，达到缓解自身资金压力、分散转移风险的目的，其特点如下：

（1）企业所需投入的自有资金减少，可以避免企业自有资金的不足引起的问题；

（2）相应地降低了项目开发风险；

（3）项目开发收益会与合作者分摊，收益也相应降低。

方式3：预收房屋筹资

预收房屋筹资是指在楼盘项目达到预售条件、取得商品房预售许可证的前提下，将正在建设中的房屋预先出售给购房者，获得预售款，其特点如下：

（1）可以为企业筹集到必要的建设资金，且无需支付本金和利息；

（2）通过预售房屋可将部分市场风险转移给购房者；

（3）取得房屋预售许可证的条件较多，手续较为繁杂。

方式4：股票筹资

股票筹资是指通过发行股票进行大量直接筹资，其特点如下所示。

（1）长期性：股权筹资所筹得的资金具有永久性，无到期日，不需归还。

（2）不可逆性：企业无需还本。

第三节　开发项目可行性研究

房地产开发项目投资决策的核心就是对房地产企业开发项目进行可行性研究，对投资的价值进行正确和合理的评价，以确定项目是否可行，从而保证企业既能规避风险，又能把握投资机会。

研究01：可行性研究的步骤

可行性研究是房地产开发决策分析过程中的重要步骤，它是房地产开发项目在投资前的决策研究。通过对开发项目的全面分析及论证，多方案地比较和评价，从而保证其技术上可行，建造能力具备，环境允许，经济上合理，效益显著。可行性研究可按下图所示的五个步骤进行。

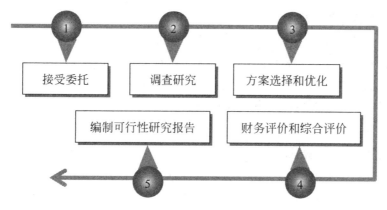

可行性研究的步骤

1.接受委托

在项目建议被批准之后,开发商即可委托咨询评估公司对项目进行可行性研究。双方签订合同协议,明确规定可行性研究的工作范围、目标意图、进度安排、费用支付办法及协作方式等内容。

> **小提示**
>
> 承担单位接受委托时,应获得项目建议书和有关项目背景介绍资料,弄清楚委托者的目的和要求,明确研究内容,制订计划,并收集有关的基础资料、指标、规范、标准等基本数据。

2.调查研究

主要从市场调查和资源调查两方面进行,具体内容如下图所示。

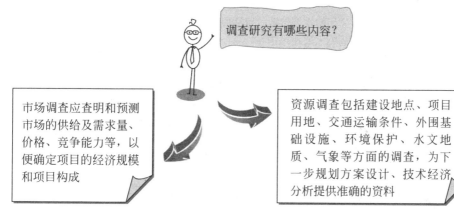

调查研究的内容

3.方案选择和优化

根据项目建议书的要求,结合市场和资源调查,在收集到的资料和数据的基础上,建立若干可供选择的开发方案,进行反复的方案论证和比较,会同委托单位或部门明确方案选择的重大原则问题和优选标准,采用技术经济分析的方法,评选出合理的方案。研究论证项目在技术上的可行性,进一步确定项目规模、构成、开发进度。

4.财务评价和综合评价

对上述分析后所确定的最佳方案,在估算项目投资、成本、价格、收入等基础上,对方案进行详细财务评价和综合评价。研究论证项目在经济上的合理性和盈利能力,进一步提出资金筹措建议和项目实施总进度计划。

5.编制可行性研究报告

经过上述分析与评价,即可编制详细的可行性研究报告,推荐一个以上的可行方案和实施计划,提出结论性意见、措施和建议,供决策者作为决策依据。

研究02:可行性研究的内容

由于房地产项目的性质规模和复杂程度不同,其可行性研究的内容也不尽相同,各有侧重,主要应包括以下几方面。

1.项目概况

对项目概况的研究包括如下图所示的内容。

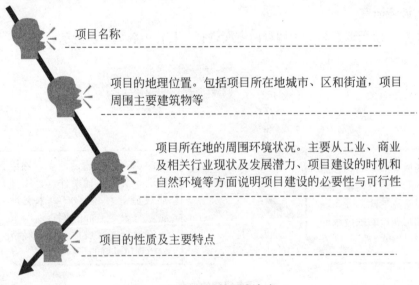

对项目概况的研究内容

2. 开发项目用地的现状调查及动迁安置

对开发项目用地的现状调查及动迁安置的研究包括如下图所示的内容。

土地调查。包括开发项目用地范围内的各类土地面积及使用单位

人口调查。包括开发项目用地范围内的总人口数、总户数，需动迁的人口数、户数等

调查开发项目用地范围内建筑物的种类，各种建筑物的数量及面积，需要拆迁的建筑物种类、数量和面积等

各种市政管线。主要应调查上水管线、雨水管线、污水管线、热力管线、燃气管线、电力和通信管线的现状与目标，以及其可能实现的时间

其他地下、地上物现状。开发项目用地范围内调查了解的内容，地下物包括水井、人防工程、各种管线等；地上物包括各种树木、植物等。开发项目用地的现状要附有平面示意图

如需要进行拆迁的，要制订拆迁计划，确定安置方案

对开发项目用地的现状调查及动迁安置的研究内容

3. 市场分析和建设规模的确定

对市场分析和建设规模确定的研究包括如下图所示的内容。

市场供给现状分析及预测

市场需求现状分析及预测

市场交易的数量与价格

服务对象分析、制订租售计划

拟建项目建设规模的确定

研究内容

对市场分析和建设规模确定的研究内容

4. 规划设计方案选择

对规划设计方案选择的研究包括如下图所示的内容。

市政规划方案选择。市政规划方案的主要内容包括各种市政设施的布置、来源、去路和走向，大型商业房产开发项目重点要规划安排好交通组织和共享空间等

项目构成及平面布置

建筑规划方案选择。建筑规划方案的内容主要包括各单项工程的占地面积、建筑面积、层数、层高、房间布置、各种房间的数量、建筑面积等。附规划设计方案详图

对规划设计方案选择的研究内容

5. 资源供给

对资源供给的研究包括如下图所示的内容。

建筑材料的需用量、采购方式和供应计划 研究内容

 项目施工的组织计划

 项目施工期间的动力、水等供应

项目建成投入使用后水、电、热力、煤气、交通、通信等供应条件

对资源供给的研究内容

6. 项目开发组织机构和管理费用研究

对项目开发组织机构和管理费用的研究包括如下图所示的内容。

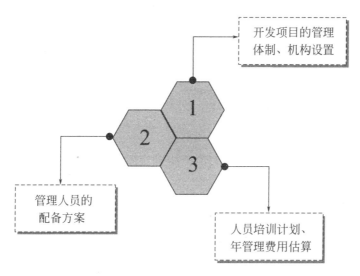

对项目开发组织机构和管理费用的研究内容

7. 开发建设计划

对开发建设计划的研究包括如下图所示的内容。

前期开发计划。包括项目从立项、可行性研究、下达规划任务、征地拆迁、委托规划设计、取得开工许可证，直至完成开工前准备等系列工作计划

工程建设计划。包括各个单项工程的开工、竣工时间，进度安排，市政工程的配套建设计划等

建设场地的布置

施工队伍的选择

对开发建设计划的研究内容

8.项目经济及社会效益分析

对项目经济及社会效益分析的研究包括如下图所示的内容。

项目总投资估算。包括开发建设投资和经营资金两部分

项目投资来源、筹措方式的确定

开发成本估算

销售成本、经营成本估算

销售收入、租金收入、经营收入和其他收入估算

财务评估。运用静态和动态分析方法分析计算项目投资回收期、净现值、内部收益率、投资利润率、借款偿还期等技术经济指标，对项目进行财务评价

对项目经济及社会效益分析的研究内容

风险分析。一方面采用盈亏平衡分析、敏感性分析、概率分析等定量分析方法进行风险分析；另一方面结合政治形势、国家方针、经济发展趋势、市场周期、自然等方面因素的可能变化，进行定性风险分析

项目环境效益、社会效益及综合效益评价

结论及建议：运用各种数据从技术、经济、财务等方面论述开发项目的可行性，提出存在的问题及相应的建议，并推荐最佳方案

对项目经济及社会效益分析的研究内容

研究03：可行性研究的重点

对房地产项目进行可行性研究，应抓住以下重点。

1. 地点选择与地块价值评价

房地产开发项目的地点选择和地块评价，是对可供选择的地点和地块的条件及价值进行分析比较与评价。分析评价内容如下图所示。

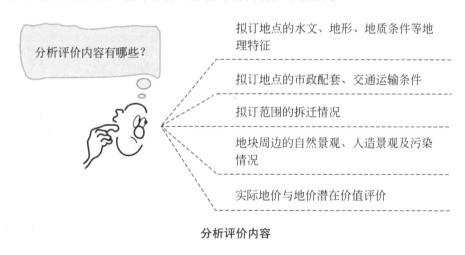

- 拟订地点的水文、地形、地质条件等地理特征
- 拟订地点的市政配套、交通运输条件
- 拟订范围的拆迁情况
- 地块周边的自然景观、人造景观及污染情况
- 实际地价与地价潜在价值评价

分析评价内容

2. 资金筹措的分析

制订可靠或比较可靠的资金筹措计划，是开发项目实现预期目标的基本条件，是避免项目"流产"或"夭折"的根本保证，必须高度重视，周密策划。凡在资金筹措无望的情况下，不必开展深度可行性研究。资金筹措计划主要是就项目投资的资金来源进行分析，包括下图所示的内容。

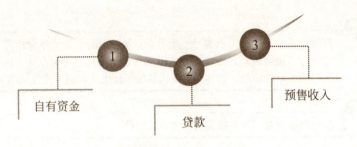

资金来源进行分析

3. 财务评价

房地产开发项目财务评价有静态法和动态法两种。对规模小、周期短的项目,可采用静态法。对规模较大、周期较长或资金来源渠道多、收支复杂或滚动开发的项目,应采取动态法。

(1)静态法 静态法是通过投资项目的总收入和总费用之间的比较,来计算开发项目的盈利和投资回报率数值,以此计算数值与同类房地产开发项目正常回报率相比较,以分析评价其经济合理性。静态法的评价指标有净利润投资收益率和静态投资回收期。

(2)动态法 动态法财务盈利能力分析,一般应以下列指标进行。

动态法财务盈利能力分析指标

序号	指标	指标说明
1	财务净现值(FNPV)	财务净现值是指按行业的基准收益率或设计的折现率IC,将项目经营周期内各年净现金流量折现到建设初期的现值之和,它是考察项目在经营周期内盈利能力的动态评价指标,其值可根据财务现金流量表计算求得。判别标准:FNPV≥0时项目可行;FNPV<0时项目不可行
2	财务内部收益率(FIRR)	财务内部收益率是指项目在整个经营期内各年净现金流量累计等于零时的折现率,是考察项目盈利能力的主要动态评价指标。判别标准:FIRR≥IC时即认为盈利能力已满足最低要求,项目可行;FIRR<IC时,项目不可行
3	财务净现值率(FNPVR)	财务净现值率是项目单位投资现值所获得的净现值,其值越大,表明项目投资效益越好
4	动态投资回收期(PT)	动态投资回收期是按现值法计算的投资回收期,可直接从财务现金流量表求得

4. 不确定性分析

项目评价所采用的数据,由于大多来自预测和估算,有一定程度的不确定性,为分析不确定因素对财务评价指标的影响,需进行不确定性分析,以估计项目可能承担的风险,以论证开发项目在经济上的可靠性。不确定性分析包括盈亏平衡分析、敏感性分析和概率分析，具体内容如下图所示。

盈亏平衡分析
盈亏平衡分析是通过盈亏平衡点BFP分析项目成本与收益的平衡关系。当影响投资效果的变化因素达到某一临界值时，方案的收入与支出相平衡，此时方案既不盈利也不亏本，此临界值即为盈利平衡点

敏感性分析
敏感性分析是通过分析、预测项目主要因素(如成本、价格、销售周期等因素)发生变化时对财务评价指标的影响，从中找出敏感因素和极限变化幅度

概率分析
概率分析的目的在于用概率研究预测各种不确定性因素和风险因素对项目评价指标可能发生的影响。一般是计算项目净现值的期望值及净现值大于或等于零时的累计概率，累计概率越大，说明项目承担的风险越小

不确定性分析的内容

研究04：可行性研究报告

可行性研究的结果应有书面的报告，其内容描述如下。

1.封面
封面要能反映评估项目的名称、谁做的评估及可行性研究报告的写作时间。

2.摘要
摘要要用简洁的语言，介绍被评估项目所处地区的市场情况、项目本身的情况和特点、评估的结论。文字要字斟句酌，言必达意，绝对不能有废词冗句，字数以不超过1000字为宜。

3.目录
目录是研究报告各主要点的集合，方便读者阅读。

4.正文
正文是可行性研究报告的主体，要按照逻辑的顺序，从总体到细节循序进行。一般包括项目总说明、项目概况、投资环境研究、市场研究、项目地理环境和附近地区竞争性发展项目、规划方案及建设条件、建设方式与进度安排、投资估算及资金筹措、项目评估基础数据的预测和选定、项目经济效益评价、

风险分析和结论与建议十二个方面。

5.附表

附表是指正文中不便于插入的较大型表格，附在正文后面。一般包括项目工程进度计划表、项目投资估算表、投资计划和资金筹措表、项目销售计划表、项目销售收入测算表、财务现金流量表、资金来源与运用表、贷款还本付息估算表和敏感性分析表。

6.附图

附图一般包括项目位置示意图、项目规划用地红线图、建筑设计方案平面图等。

第四节 开发项目市场定位

市场细分的最终目的是为了选择和确定目标市场。房地产企业的一切市场营销活动，都是围绕目标市场进行的。目标市场的选择是房地产企业制定营销战略的基础，对企业的生存发展具有重要意义。

定位01：目标市场选择的意义

目标市场是指在市场细分的基础上，房地产企业要进入并准备为其服务的最佳细分市场。目标市场选择是否准确，关系到房地产企业经营的成败，对企业参与市场竞争具有重要的意义，具体如下图所示。

关系到企业战略的制定和实施。选择和确定目标市场，明确企业的具体服务对象，是企业制定市场营销战略的首要内容和基本出发点

并非所有的细分市场对企业都有利可图，只有那些和企业资源条件相适应的细分市场对企业才具有较强的吸引力

消费需求越来越个性化，市场需求越来越复杂和多样化，企业的经营范围不可能满足全部市场需要，必须科学地进行细分和选择市场，才能实现更有效的发展

目标市场选择的意义

定位02：确定目标市场的原则

目标市场就是房地产企业决定进入的那个市场，即企业经过市场细分，以及对细分市场评估以后，决定以相应的商品和服务去满足那种特定需要及服务的顾客群。确定目标市场应遵循下图所示的原则。

产品、市场和技术的相关性原则

企业所选择的目标市场，应能充分发挥企业的技术特长，生产符合目标市场需求的产品。如果细分市场不能使企业的技术和产品优势发挥到最大程度，则一般不宜选择

发挥企业的竞争优势

即应选择能够突出和发挥企业特长的细分市场作为目标市场。这样才能利用企业相对竞争优势，在竞争中处于有利的地位

乘数效应

新确定的目标市场不能对企业原有的产品带来消极的影响。新、老产品要能互相促进，同时扩大销售量和提高市场占有率，使企业获得更好、更多的经济效益

确定目标市场的原则

定位03：目标市场选择的条件

房地产企业是在市场细分的基础上决定要进入的市场，在选择目标市场时要符合下图所示的条件。

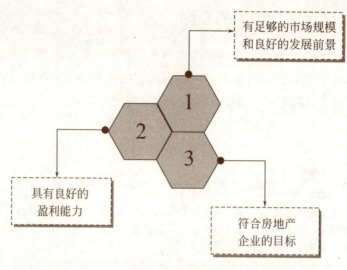

目标市场选择的条件

定位04：确定目标市场的策略

在市场细分的基础上，房地产企业无论采取什么策略，也无论选择几个细分市场，所确定、选择的目标市场必须具有最大潜力，能为自己带来最大利润。因此，在确定目标市场时，可按下图所示的策略进行。

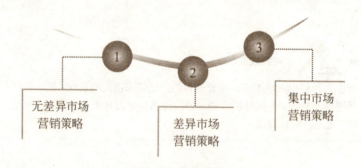

确定目标市场的策略

1.无差异市场营销策略

无差异市场营销策略就是房地产企业不考虑细分市场的差异性，把整体市场作为目标市场，对所有的消费者只提供一种产品，采用单一市场营销组合的目标市场策略。

无差异市场营销策略适用于少数消费者需求同质的产品，以及消费者需求广泛、能够大量生产、大量销售的产品。

采用无差异市场策略的企业一般具有大规模、单一、连续的生产线，拥有广泛或大众化的分销渠道，并能开展强有力的促销活动。其优缺点如下图所示。

有利于标准化和大规模生产，有利于降低单位产品的成本费用，获得较好的规模效益

不能满足消费者需求的多样性，不能满足其他较小的细分市场的消费者需求

无差异市场营销策略的优缺点

在现代市场营销实践中，无差异市场营销策略实际被采用的不多。

2.差异市场营销策略

差异市场营销策略是在市场细分的基础上，房地产企业以两个以上乃至全部细分市场为目标市场，分别为其设计不同产品，采取不同的市场营销组合，满足不同消费者需求的目标市场策略。

差异市场营销策略适用于大多数异质的产品。采用差异市场营销策略的企业一般是大企业。较为雄厚的财力、较强的技术力量和素质较高的管理人员，是实行差异市场营销策略的必要条件。其优缺点如下图所示。

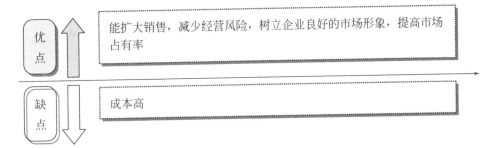

差异市场营销策略的优缺点

3.集中市场营销策略

集中市场营销策略是指房地产企业以一个细分市场为目标市场，集中力量，实行专业化生产和经营的目标市场策略。

集中市场营销策略主要适用于资源有限的中小企业或是初次进入新市场的大企业。实行集中市场营销策略是中小企业变劣势为优势的最佳选择。其优缺

点如下图所示。

目标市场集中，有助于了解目标市场的消费者需求，提高企业和产品在市场上的知名度；有利于企业集中资源，节约生产成本和各种费用，增加盈利

企业潜伏着较大的经营风险。一旦市场出现诸如较强大的竞争者加入、消费者需求的突然变化等，企业就会陷入困境

集中市场营销策略的优缺点

 小提示

采用集中市场营销策略的企业，要随时密切关注市场动向，充分考虑企业在未来可能出现意外情况下的各种对策和应急措施。

定位05：影响目标市场策略选择的因素

上面三种目标市场策略各有优缺点，房地产企业在选择目标市场策略时应考虑下图所示的因素。

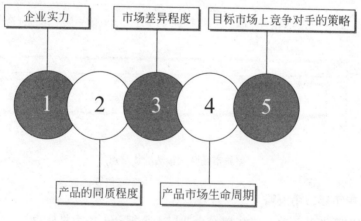

影响目标市场策略选择的因素

1. 企业实力

如果企业实力较强，可根据产品的不同特性选择采用差异市场营销策略或

无差异市场营销策略；如果企业实力较弱，无力顾及整体市场或多个细分市场，则可选择采用集中市场营销策略。

2.产品的同质程度

同质程度即产品在性能、特点等方面差异性的大小。如果企业生产同质产品，可选择采用无差异市场营销策略；如果企业生产异质产品，可选择采用差异市场营销策略或集中市场营销策略。

3.市场差异程度

市场差异程度即市场上消费者需求差异性的大小。如果市场是同质的，即消费者需求差异性不大，企业则可选择采用无差异市场营销策略；反之，企业则可选择采用差异市场营销策略或集中市场营销策略。

4.产品市场生命周期

处在介绍期的新产品，由于竞争者少，品种比较单一，企业可选择采用无差异市场营销策略；当产品进入成长期和成熟期时，由于市场竞争激烈，消费者需求差异性日益增大，企业可选择采用差异市场营销策略或集中性市场营销策略。

5.目标市场上竞争对手的策略

企业的目标市场策略应当与竞争对手的目标市场策略不同。如果竞争对手强大并采取无差异市场营销策略，企业则应选择采用差异市场营销策略或集中市场营销策略，以提高产品的市场竞争能力；如果竞争对手与自身实力相当或面对实力较弱的竞争对手，企业则可选择采用与其相同的目标市场策略；如果竞争对手都采用差异市场营销策略，企业则应进一步细分市场，寻找更有效的差异市场营销策略或集中市场营销策略。

第二章 房地产项目前期运作

做好房地产开发项目前期准备工作，是房地产企业自身发展的一个重要过程。前期运作阶段是整个房地产建设项目的龙头，也是建设项目能否充分发挥经济效益的关键。

一本书搞懂房地产

阅读指引

前期运作阶段既是政府管理的重点,也是企业管理的重点,应引起高度重视。加强房地产开发项目前期工作管理,对项目的正确决策具有非常重要的意义。

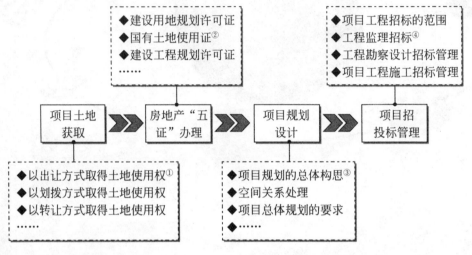

图示说明:

①土地使用权出让,是指国家将土地使用权在一定年限内出让给土地使用者,由土地使用者向国家支付土地使用权出让金的行为。

②《国有土地使用证》,是证明土地使用者向国家支付土地使用权出让金,获得了在一定年限内某块国有土地使用权的法律凭证。

③项目工程的总体构思,主要要求如下:小区设计必须树立"以人文本"的规划设计思想;住宅小区规划应因地制宜,与周围环境相协调;小区设计应富有个性、特色突出。

④建设工程监理招标是指招标人为了完成委托监理任务,以法定方式吸引监理单位参加竞争招标,从中选择条件优越者的法律行为。

第一节 项目土地获取

近年来,土地的生产要素特性日益受到重视,且以其稀有性特质成为房地产发展的限制性环节,也正是由于它的这种特质,决定了对有限土地的获得成为房地产企业持续发展的必要条件，同时，也是整个房地产市场能否健康有序发展的前提。

获取01：以出让方式取得土地使用权

土地使用权出让，是指国家将土地使用权在一定年限内出让给土地使用者，由土地使用者向国家支付土地使用权出让金的行为。出让方式包括下图所示的四种。

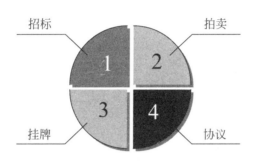

土地使用权的出让方式

在《土地使用权出让合同》中明确土地使用权出让年限，但不能超过国家规定的最高年限。土地使用权出让最高年限可按用途确定，具体如下图所示。

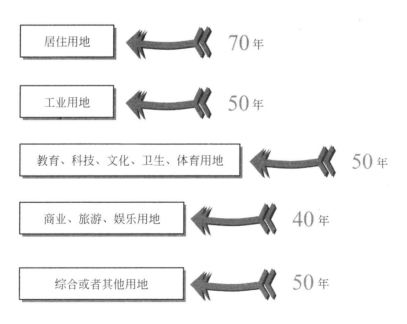

土地使用权出让最高年限

1.以招标、拍卖、挂牌方式出让土地使用权

招标拍卖挂牌出让土地使用权的范围如下图所示。

供应商业、旅游、娱乐、工业用地和商品住宅等各类经营性用地以及有竞争要求的工业用地

其他土地供地计划公布后一宗地有两个或者两个以上意向用地者的

划拨土地使用权改变用途,《国有土地划拨决定书》或法律、法规、行政规定等明确应当收回土地使用权,实行招标拍卖挂牌出让的

划拨土地使用权转让,《国有土地划拨决定书》或法律、法规、行政规定等明确应当收回土地使用权,实行招标拍卖挂牌出让的

出让土地使用权改变用途,《国有土地划拨决定书》或法律、法规、行政规定等明确应当收回土地使用权,实行招标拍卖挂牌出让的

法律、法规、行政规定明确应当招标拍卖挂牌出让的其他情形

招标拍卖挂牌出让土地使用权的范围

2.以协议方式取得国有土地使用权

出让国有土地使用权,除依照法律、法规和规章的规定应当采用招标、拍卖或者挂牌方式出让外,也可采取协议方式,主要包括下图所示的情况。

供应商业、旅游、娱乐和商品住宅、工业用地等各类经营性用地以外用途的土地,其供地计划公布后同一宗地只有一个意向用地者的

协议出让土地使用权的范围

原划拨、承租土地使用权申请办理协议出让，经依法批准，可以采取协议方式，但《国有土地计划决定书》《国有土地租赁合同》、法律、法规、行政规定等明确应当收回土地使用权重新公开出让的除外

划拨土地使用权转让申请办理协议出让，经依法批准，可以采取协议方式，但《国有土地划拨决定书》、法律、法规、行政规定等明确应当收回土地使用权重新公开出让的除外

出让土地使用权人申请续期，经审查准予续期的，可以采用协议方式

协议出让土地使用权的范围

但协议出让土地使用权须遵守以下禁止性规定。

（1）以协议方式出让国有土地使用权的出让金不得低于按国家规定所确定的最低价。

（2）协议出让最低价不得低于新增建设用地的土地有偿使用费、征地（拆迁）补偿费以及按照国家规定应当缴纳的有关税费之和，有基准地价的地区，协议出让最低价不得低于出让地块所在级别基准地价的70%。

（3）低于最低价时国有土地使用权不得出让。

获取02：以划拨方式取得土地使用权

土地使用权划拨，是指县级以上人民政府依法批准，在土地使用者缴纳补偿、安置等费用后将该幅土地交付其使用，或者将土地使用权无偿交付给土地使用者使用的行为。具体如下图所示。

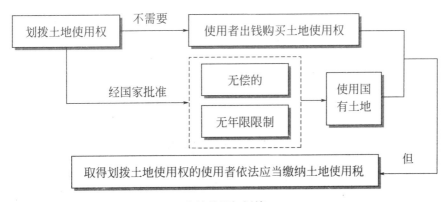

土地使用权划拨

1.使用年限

以划拨方式取得土地使用权的，除法律、行政法规另有规定外，没有使用年限的限制。虽然无偿取得划拨土地使用权没有年限限制，但有出现下图所示的情况，国家可以无偿收回划拨土地使用权。

| 因土地使用者迁移、解散、撤销、破产或者其他原因而停止使用土地的，国家应当无偿收回划拨土地使用权，并可依法出让 |  | 因城市建设发展需要和城市规划的要求，也可以对划拨土地使用权无偿收回，并可依法出让 |

国家可以无偿收回划拨土地使用权的情形

> **小提示**
>
> 无偿收回划拨土地使用权的，其地上建筑物和其他附着物归国家所有，但应根据实际情况给予适当补偿。

2.以划拨方式取得国有土地使用权的情形

根据《城市房地产管理法》第二十四条的规定，下图所示的建设用地的土地使用权，确属必需的，可以由县级以上人民政府依法批准划拨。

 情形

国家机关用地和军事用地

城市基础设施用地和公益事业用地

国家重点扶持的能源、交通、水利等项目用地

法律、行政法规规定的其他用地

划拨方式取得国有土地使用权的情形

以划拨方式取得土地使用权的，经主管部门登记、核实，由同级人民政府颁发土地使用权证。

3.转让、出租、抵押的限制性规定

划拨土地使用权一般不得转让、出租、抵押，但符合法定条件的也可以转让、出租、抵押，具体如下图所示。

- 土地使用者为公司、企业、其他组织和个人
- 领有土地使用权证
- 地上建筑物有合法产权证明
- 经当地政府批准其出让并补交土地使用权出让金或者以转让、出租、抵押所获收益抵交出让金

可以转让、出租、抵押划拨土地使用权的情形

未经批准擅自转让、出租、抵押划拨土地使用权的，没收其非法收入，并根据其情节处以相应罚款。

获取03：以转让方式取得土地使用权

土地使用权转让是指土地使用者将土地使用权再转移的行为，即土地使用者将土地使用权单独或者随同地上建筑物、其他附着物转移给他人的行为。原拥有土地使用权的一方称为转让人，接受土地使用权的一方称为受让人。转让方式包括下图所示的三种。

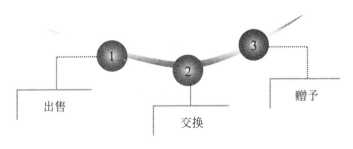

转让土地使用权的方式

1.禁止性规定

未按土地使用权出让合同规定的期限和条件投资开发、利用土地的,土地使用权不得转让。

2.使用年限

土地使用者通过转让方式取得的土地使用权,其使用年限为土地使用权出让合同规定的使用年限减去原土地使用者已使用年限后的剩余年限。

3."房地一并转移"

土地使用权转让时,其地上建筑物、其他附着物所有权随之转让。地上建筑物、其他附着物的所有人或者共有人,享有该建筑物、附着物使用范围内的土地使用权。土地使用者转让地上建筑物、其他附着物所有权时,其使用范围内的土地使用权随之转让,但地上建筑物、其他附着物作为动产转让的除外。

土地使用权转让价格明显低于市场价格的,市、县人民政府有优先购买权。土地使用权转让的市场价格不合理上涨时,市、县人民政府可以采取必要的措施。

获取04:获取国有土地使用权的费用

获取国有土地使用权的费用包括下图所示的几种。

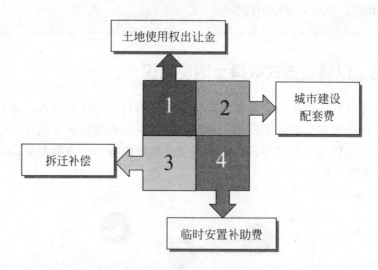

获取国有土地使用权的费用

1.土地使用权出让金

土地使用权出让金是指建设工程通过土地使用权出让方式,取得有限期的土地使用权，依照《中华人民共和国城镇国有土地使用权出让和转让暂行条例》规定，支付的土地使用权出让金。

2. 城市建设配套费

城市建设配套费是指因进行城市公共设施的建设而分摊的费用。

3. 拆迁补偿与临时安置补助费

此项费用由两部分构成，即拆迁补偿费和临时安置补助费或搬迁补助费。拆迁补偿费是指拆迁人对被拆迁人，按照有关规定予以补偿所需的费用。拆迁补偿的形式可分为产权调换和货币补偿两种形式。产权调换的面积按照所拆迁房屋的建筑面积计算；货币补偿的金额按被拆房屋的结构和折旧程度划档，按平方米单价计算。在过渡期内，被拆迁人或者房屋承租人自行安排住处的，拆迁人应当支付临时安置补助费。

获取05：开发建设中的城市房屋拆迁

城市房屋拆迁是指取得房屋拆迁许可证的拆迁人，拆除城市规划区内国有土地上的房屋及其附属物，并对被拆迁房屋的所有人进行补偿或安置的行为。

拆迁人是指取得房屋拆迁许可证的单位。被拆迁人是指被拆迁房屋的所有人，不包括被拆迁房屋的使用人，但对使用人的利益还要依法予以保护。

1. 城市房屋拆迁的工作程序

城市房屋拆迁的工作程序如下图所示。

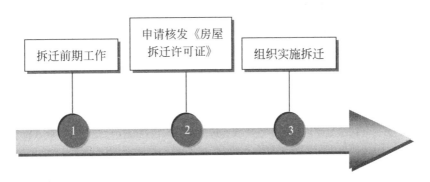

城市房屋拆迁的工作程序

2. 拆迁补偿的方式

拆迁补偿的方式，如下图所示。

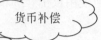

货币补偿是指拆迁人将被拆除房屋的价值，以货币结算方式补偿给被拆除房屋的所有人。货币补偿的金额，根据被拆迁房屋的区位、用途、建筑面积等因素以房地产市场评估价格确定

房屋产权调换是指拆迁人用自己建造或购买的产权房屋与被拆迁房屋进行产权调换，并按拆迁房屋的评估价和调换房屋的市场价进行结算调换差价的行为

拆迁补偿的方式

除下列两种特殊情况外，拆迁补偿可以选择货币补偿方式，也可以选择房屋产权调换方式。

（1）拆迁非公益事业房屋的附属物，不作产权调换，由拆迁人给予货币补偿。公益事业一般是指科教、文化、卫生、社会公共福利等非营利性社会福利事业。附属物是指房屋的附属建筑和构筑物，如室外厕所、门斗、烟囱、化粪池等。

（2）被拆迁人与房屋承租人对解除租赁关系达不成协议的，拆迁人应当对被拆迁人实行房屋产权调换。产权调换的房屋由原房屋承租人承租，被拆迁人与原房屋承租人重新订立房屋租赁合同。

3.拆迁中的补助和损失补偿

拆迁人应当对被拆迁人或者房屋承租人支付搬迁补助费，具体如下图所示。

在过渡期内，被拆迁人或者房屋承租人自行安排住处的，拆迁人应当支付临时安置补助费

被拆迁人或者房屋承租人使用拆迁人提供的周转房的，拆迁人不支付临时安置补助费

拆迁中的补助和损失补偿

因拆迁人的责任延长过渡期限的，对自行安排住处的被拆迁人或者房屋承租人，应当自逾期之月起增加临时安置补助费

 对周转房的使用人，应当自逾期之月起付给临时安置补助费

 因拆迁非住宅房屋造成停产、停业的，拆迁人应当给予适当补偿

拆迁中的补助和损失补偿

 相关链接 ▶▶▶

获得项目地块前落实事项

房地产企业在获得项目地块前，需要落实相关事项，以便对地块有一个准确的认知。

1. "五证"办理流程

落实当地房地产报批报建的开发建设流程：办理建设手续涉及哪些职能部门、具体办事流程、各阶段所需资料、办理时限等，预售证需要达到的工程形象进度及其他条件。

2. 行政事业性收费

落实当地各种行政事业性收费标准、归口收费部门，如市政配套费、散装水泥专项基金、墙改基金、质检、定额管理费、白蚁防治等。

3. 地上建筑物

地块上需要拆迁的建筑物有多少（住宅、办公、商业等）？如有，须落实当地的拆迁补偿标准、调查周边项目实际拆迁补偿执行情况和拆迁进度落实情况。

4. 地上构筑物

是否有变电站、管线等在地块内或经过地块？是否可以迁移？是否需支付相应的补偿费？

5. 河道改造或古建筑保护

地块内是否有河道需要改造或古建筑需保护修缮？如有，须落实由谁投

资改造或修缮，何时完成？

6. 地下障碍物

地下是否有人防（防空洞、人防通道，如有，需要拿到相关图纸）、文物等？是否有原建筑物影响施工的桩基工程？是否有穿越该地块的管线［如光缆（军、民）、电缆、煤、水、电等］？尤其是邻近房屋正在使用的公共管线是否穿越该地块？是否可以拆除？是否需支付相应的补偿费？建议落实由政府负责拆除和迁移，所有费用由政府承担（即总价包干谈判策略），如必须由公司承担，须落实相关补偿标准和具体额度。

7. 项目周边不利因素

项目周边是否有高压塔或高压线通过？如有，电信发射塔、距离有多远？是否对项目规划和销售有不利影响？

8. 人防

人防是否必须按国家要求建？建设等级是多少？并落实可否异地交费？如建设的人防按平战结合要求配置，则要弄清楚：平时做车库出租使用是否需要人防部门批准？是否需要交纳使用费？人防车库是否可以销售？

9. 学校

是否需要配置建设中小学？如需要，则须落实具体占地规模、建设规模和产权归属等问题，落实可否异地交费。

10. 幼儿园

是否需要配置建设幼儿园？如果需要，则须落实具体占地规模、建设规模和产权归属等问题。

11. 街道居委会、派出所、社区活动中心等

是否需要配置建设居委会、派出所、活动中心等配套设施？如需要，则落实具体建设规模和产权归属等问题。

12. 车库

车位按多少比例进行配置？多少比例车位必须在地下？地下车库是否可以销售？是否可以办理独立产权？如可以，是否需要补交土地出让金？补交标准是多少？

13. 地下商业

地下商业（如规划有）是否可以办理独立产权？如可以，是否需要交纳土地出让金？按什么标准补交？

14.物管用房

当地对住宅需配置的物业管理用房、物业经营用房等是如何规定的？周边项目是否严格执行此规定？本项目按规定应该配置多少物业用房？具体位置是否有要求（可否为地下室）？

15.消防

是否需要配置建设消防站？如需要，则落实具体占地规模、建设规模和产权归属等问题，并落实可否异地交费。

16.垃圾站

是否需要配置建设垃圾站？如需要，则须落实具体占地规模和建设规模等问题，落实可否异地交费。

17.规划道路

地块周边是否有规划道路（尤其关注是否有高架桥，如有，必须确保有匝道分流、方便车流进出本项目）？如有，须落实谁投资建设、竣工交付使用时间（须获得交通、规划等政府对口职能部门的书面意见），能否保证项目开业或交房入伙时同步完成。

18.轻轨或地铁

地块周边是否规划轻轨或地铁，如有，则须落实规划是否完成？何时开工、何时竣工投入使用？并落实不承担任何额外的配套费用、项目与轨道交通接驳的设计、施工界面如何确定，并力争对项目有利。

19.市政管网

水、电、煤气、供暖等是否送到红线边缘及具体位置的确定，落实红线外不承担任何费用，如必须承担，须明确额度［即在合同签订或谈判时应明确：在红线外开发商需承担什么费用，重点需落实电力是否满足项目设计容量和使用要求，确定能满足项目需要的多回路变电站（所）与项目的距离、高压变低压的具体数值、是否需要开发商承担红线外的建设费用等］。

20.环保要求

项目所在城市及区域，对新建项目的环保（如对餐饮排烟的要求）是否有具体要求？相应的环保达标指标有哪些？是否处于航道管制区域？环评是否能通过？

21.节能要求

项目所在城市及区域对新建项目的节能是否有具体要求？相应的节能达标指标有哪些？

22.施工额外措施费

紧邻地块边是否有已建好的地铁或大型深基础建筑？是否有合理的施工距离？是否将产生额外的施工保护措施费（如有请给予评估）？地块周边类似项目的地勘资料显示：是否有岩溶塌陷、踩空塌陷和隐伏构造地裂缝地质灾害等不利地质条件？

23.施工影响

当地政府对该区域内的施工是否有限制？

第二节 房地产"五证"办理

房地产"五证"是开发商在销售或者预售商品房时需要具备的资格文件，具体是指《建设用地规划许可证》《国有土地使用证》《建设工程规划许可证》《建筑工程施工许可证》和《商品房销售（预售）许可证》。

办理01：建设用地规划许可证

在城市范围内开发建设房地产项目，建设项目的用地单位应按规定程序申请办理建设用地的规划审批手续。在取得建设用地规划许可证后，才可按程序办理以出让方式取得的国有土地使用权、以划拨方式取得的国有土地使用权或征用集体土地的各项审批工作。

1.所需资料

办理《建筑用地规划许可证》需要的资料，主要包括下图所示的几种。

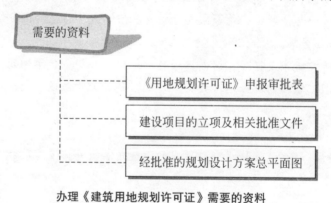

办理《建筑用地规划许可证》需要的资料

> **小提示**
>
> 业主或建房者本人须书面填写报件审批表。审批表的内容包括建房者（业主）姓名或单位、工程名称、建房地址、街道名称、新建、改建还是扩建。

2. 办理程序

《建设用地规划许可证》的办理程序，具体如下图所示。

许可证办理的申请

用地单位需要办理建设用地规划许可证的，应向审批行政主管部门提交规定的申请文件和资料，填报建设项目审批申报表，提出审批申请

许可证申请的受理

审批行政主管部门接受用地单位提交的申请文件和资料，对于符合要求的即时予以受理，制作"建设用地规划许可证立案表"
行政主管部门接受用地单位提交的申请文件和资料，对于不符合要求的不予受理，将所需补齐补正的全部内容等相关情况告知用地单位

许可证申请的审核

审批行政主管部门对用地单位提交的文件和资料，按照初审的标准进行初步审查
审批行政主管部门根据初审意见及审核标准对用地单位提出的申请进行审核，对符合要求的制定《建设用地规划许可证》文稿，对不符合要求的终结审批

许可证申请的审定

审批行政主管部门的相关主管人员根据审核意见及复审标准对用地单位提出的申请进行复审，做出同意或不同意的复审意见
审批行政主管部门的相关主管人员根据复审意见及审定标准对用地单位提出的申请进行审定，做出同意或不同意的审定意见

许可证申请的批准

审批行政主管部门根据审定结论对用地单位核发《建设用地规划许可证》或《退件通知书》

《建设用地规划许可证》的办理程序

办理02：国有土地使用证

《国有土地使用证》，是证明土地使用者向国家支付土地使用权出让金，获得了在一定年限内某块国有土地使用权的法律凭证。

办理《国有土地使用证》所需材料，具体如下图所示。

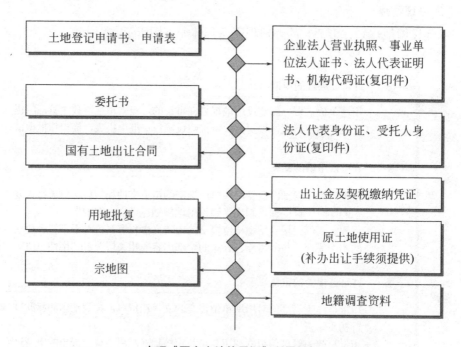

办理《国有土地使用证》所需材料

> **小提示**
>
> 以上注明为复印件的资料，均须向登记中心窗口交验原件，收取加盖公章的复印件，人民法院裁定补办出让手续的，如不能提供原土地使用证，须由执行法院提供刊登注销土地使用证公告的报纸原件。

办理03：建设工程规划许可证

《建设工程规划许可证》，是有关建设工程符合城市规划要求的法律凭证。在城市规划区内新建、扩建和改建建筑物、构筑物、道路、管线和其他工程设施，必须持有关批准文件向城市规划行政主管部门提出申请，由城市规划行政主管部门根据城市规划提出的规划设计要求,核发建设工程规划许可证件。

1.办理程序

建设单位或者个人在取得建设工程规划许可证件和其他有关批准文件后,方可申请办理开工手续。申请《建设工程规划许可证》的一般程序如下图所示。

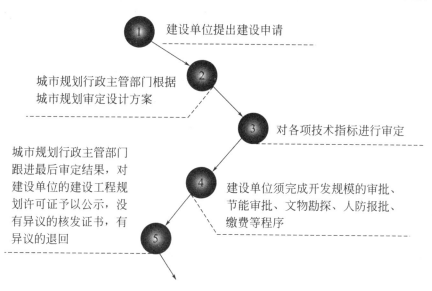

申请《建设工程规划许可证》的一般程序

> **小提示**
>
> 《建设工程规划许可证》所包括的附图和附件,按照建筑物、构筑物、道路、管线以及个人建房等不同要求,由发证单位根据法律、法规规定和实际情况制定。附图和附件是建设工程规划许可证的配套证件,具有同等法律效力。

2.所需材料

办理《建设工程规划许可证》所需的材料,具体内容见下表。

办理《建设工程规划许可证》所需的材料

序号	材料类别	具体说明
1	必要文件	(1)先行申报人防审查,取得人防审查意见书 (2)《建设工程规划许可证》申请表 (3)计划部门立项批文 (4)《建设用地批准书》及用地红线图或《土地使用权证》 (5)勘测院的"建设工程规划监测报告"

续表

序号	材料类别	具体说明
1	必要文件	（6）施工图审查机构出具的审查报告书 （7）施工图审查机构盖章的建筑施工图（三套） （8）设计单位提供盖章的建筑分层面积表、功能分类面积核算表 （9）"建筑方案设计会审纪要"或"建筑方案设计审查意见书"，扩初设计批复 （10）建设单位授权委托书，委托代理人身份证复印件
2	选择性文件	（1）合法的建设计划文件（发改委备案函、教育局文件） （2）开发规模（针对房地产商品开发项目） （3）经济适用房指标 （4）环境保护行政主管部门意见 （5）日照分析图 （6）指标复核意见 （7）效果图（包括夜景效果图） （8）其他

办理04：建设工程施工许可证

《建设工程施工许可证》是建筑施工单位符合各种施工条件、允许开工的批准文件，是建设单位进行工程施工的法律凭证，也是房屋权属登记的主要依据之一。

1.办理程序

房地产企业申请办理《建设工程施工许可证》，应当按照下图所示的程序进行。

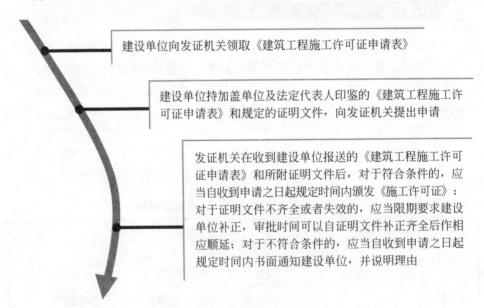

《建设工程施工许可证》的办理程序

2.所需材料

办理《建设工程施工许可证》所需的材料，主要包括以下几项：

（1）建筑工程施工许可证申报表（原件1份）；

（2）建设单位法人委托书（建设单位组织机构代码、办理人身份证复印件及联系电话）原件1份；

（3）建设工程规划许可证（核原件留复印件1份）；

（4）建设工程中标通知书（核原件留复印件1份）；

（5）项目资金证明（原件1份）；

（6）建设工程安全施工措施审查备案表（核原件留复印件1份）；

（7）工程质量监督登记表（核原件留复印件1份）；

（8）大型人员密集场所和其他特殊建设工程，须提供公安部门出具的消防设计审核意见书；

（9）行政事业性收费建委系统专用缴款通知书（核原件留复印件1份）；

（10）建筑领域农民工工资保障金存储通知书（建设、施工单位）及承、发包方承诺书（原件1份）；

（11）建筑劳务分包合同备案登记表（原件1份）；

（12）监理合同（原件1份）；

（13）商品混凝土合同（原件1份）；

（14）施工合同（原件1份）；

（15）外地企业的资质须经资质管理部门认可（原件1份）；

（16）违规工程还须提供施工资质证书和安全生产许可证、监理企业资质证书（核原件留复印件1份）、违规工程质量检测表（原件1份）、违规工程处罚结果通报（原件1份）。

办理05：商品房销售（预售）许可证

商品房的预售采取许可证管理制度，房地产项目的开发建设单位需要预售商品房的，须按照相关规定办理预售许可证审批手续，取得《商品房销售（预售）许可证》后方可将开发建设的商品房上市出售。

1.办理程序

《商品房销售（预售）许可证》的办理程序，具体如下图所示。

预售许可证的申请	售房单位预售商品房，须按规定提交相关文件、资料，行政主管部门申请办理《商品房销售(预售)许可证》

《商品房销售（预售）许可证》的办理程序

预售许可证的受理：审批行政主管部门审核售房单位提交的商品房预售申请，对售房单位提交的文件不齐备的，告知需补充提交的全部文件；对提交文件齐备的，及时予以办理

预售许可证的审批：审批行政主管部门对商品房预售申请予以审批，对符合相关规定的，自受理商品房预售申请之日起，在规定工作日内核发商品房预售许可证；对不符合预售条件的，做出不同意预售的决定并说明理由

预售许可证的公示：市、县行政主管部门将核发预售许可证的情况定期向社会予以公示

《商品房销售（预售）许可证》的办理程序

2.所需材料

办理《商品房销售（预售）许可证》所需的材料，具体内容见下表。

办理《商品房销售（预售）许可证》所需材料

序号	材料类别	具体说明
1	一般材料	（1）营业执照 （2）资质证书 （3）国有土地使用证 （4）建筑工程规划许可证 （5）建筑红线图 （6）建筑工程施工许可证 （7）建筑施工合同 （8）委托书 （9）物业招标证明 （10）商品房预售方案 （11）商品房预售楼盘表 （12）套型比例批复 （13）分层平面图（建委审核盖图审章） （14）物价审批书（经济适用房）
2	特殊材料	（1）预售审批书 （2）广告营销方案 （3）工程进度说明 （4）房屋面积预测报告书 （5）建筑节能设计审查备案表 （6）"关于已缴纳墙改基金和劳保金的函"（市建委出具） （7）放验线报告原件、复印件（规划局） （8）商品房资金监管证明 （9）预售勘验现场工程进度要求：主体施工，多层（2层）、小高层（5层）、高层（7层）

第三节　项目规划设计

为解决设计、绘图、施工中的常见问题，提高设计施工质量，减少不必要的损失，不犯以往工程中犯过的错误，从而使整体造价控制在最经济合理的范围内，房地产企业需要规范项目的规划设计。

设计01：项目规划的总体构思

房地产项目工程的总体规划理念是一个项目的总体纲领，是项目后期各项工作的根本依据。

项目工程的总体构思要求如下图所示。

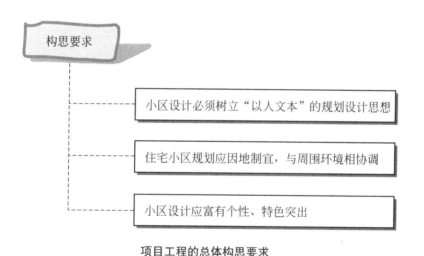

项目工程的总体构思要求

> **小提示**
>
> 随着小区规划要求的逐渐提高，住宅区不但要有特色，进行主题性的诠释，住区内住宅组团也应尽可能有各具特色的住宅群体形态和标志。现代社区大部分都以组团的形式来进行小区域围合，便于特点集中和动静分离。

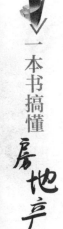

设计02：空间关系处理

建筑工程在设计规划中，应处理好下图所示的四种空间关系。

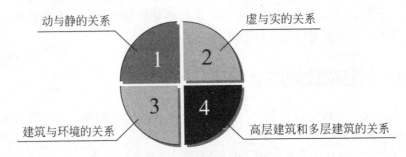

应处理好的四种空间关系

1.动与静的关系

住宅区空间中包含的要素很多，大体上分为动、静两类，具体如下图所示。

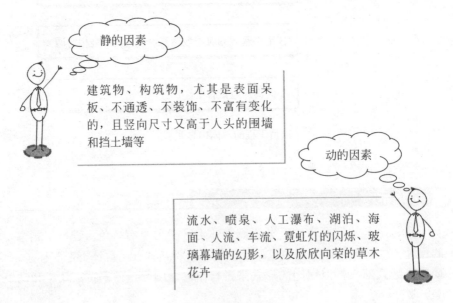

住宅区空间包含的要素

住宅区空间由以"静"为主的建筑物和构筑物组成，在以"静"为主的场合下，要善于用"动"的因素调和其呆板的局面，冲破建筑物的凝聚感，山景、水面是重要的动态景观。在以"动"为主的场合下，要善于用"静"的因素丰富其单调的空间感，如在湖泊的远岸或水中建造一些不致压境的、耐人寻味的建筑小景。

2.虚与实的关系

虚实结合、相间有度，是空间美学的一个重要概念。建筑规划时可以遵循下图所示的原则。

商业性空间(如小区内商铺)不宜过虚，就像北京的王府井、上海的南京路、广州的北京路等，都是实多虚少，人潮涌动

文化性空间(如小区内的广场)不宜过实，就像北京天安门、广州的中山纪念堂，使人感到胸怀宽广、豪迈向上、心情舒畅

建筑规划遵循的虚实原则

3.建筑与环境的关系

要做到建筑与自然景观相和谐，比如在山上开发建筑，应该遵循"宜小不宜大，宜低不宜高，宜脚不宜顶，宜隐不宜漏"的原则。这样既不会破坏山景，又提高了住区的自然环境质量。和谐才是美。

4.高层建筑和多层建筑的关系

高层建筑高大宏伟，可以体现一个国家、一个地区的建筑艺术水平，可以丰富一个城市的空间景观，可以节约大量的土地。站在高层顶端，可以一览城市风景，心情舒畅。

多层建筑成本低，建设周期快，维护费用少，能源消耗小，即使出问题，重建也不是太难的事情。多层建筑不会过高地增加城市容积率，城市病（如交通、环境污染等）也不会发展到难以克服的地步。

设计03：项目总体规划的要求

对于房地产项目的总体规划，一般需要满足的要求，具体如下图所示。

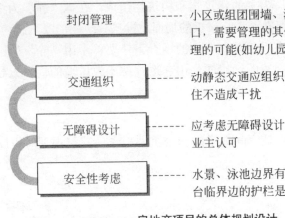

封闭管理	小区或组团围墙、泳池应有方便管理的入口，需要管理的其他物业应有考虑封闭管理的可能(如幼儿园、小学等)
交通组织	动静态交通应组织合理，通达性好，对居住不造成干扰
无障碍设计	应考虑无障碍设计，各内容应满足规范或业主认可
安全性考虑	水景、泳池边界有否护栏或绿化处理，平台临界边的护栏是否满足规范及安全要求

房地产项目的总体规划设计

设计04：项目总图竖向的要求

对于设计公司制作的施工图，房地产企业应明确总图竖向的要求，具体如下图所示。

 明确高切坡、高回填土等特殊地形，以及相邻建筑高差的专门处理措施

 明确挡土墙及湖岸挡墙的做法

 内外标高不得有误，务必注意与周边道路及环境的关系，总图与单体室外标高必须协调

 明确小区内道路及与小区相邻道路标高、衔接关系及具体做法

 明确各建筑物出入口踏步设计

 道路标高坡向与雨水进水口位置应相符

 避免园路井盖高低和有缺损，园路、窨井要统一标高

项目总图竖向的要求

> **小提示**
>
> 总图中应做好消防车道及消防车登高面设计，注意人车分流，当消防车道下面为地下室时，结构应考虑消防车荷载。各管线检查口尽量设于绿化中，当消防路或消防登高面要求过宽影响环境景观时，可采用部分绿化遮盖措施。

设计05：项目附属用房的规划

对于房地产项目中的附属用房的设计，主要包括以下三点。

管理用房应设在小区显著位置(如入口附近)

垃圾站应设在住宅(区)的下风向和较隐蔽处，其面积不宜小于6m²，与住宅距离不宜小于10m，外部与道路相连，垃圾站地面及内壁宜贴光滑、易清洁的材料，并配置给排水设施

水泵房、变电站、垃圾站、地下人防、围墙、煤气调压站等设计应明确其平面位置及具体做法，且须结合环境布置，不能影响美观

附属用房的设计要求

设计06：室外环境的规划

对工程室外环境的设计要求，具体如下图所示。

建筑间距应满足防火间距、日照间距、各工程管道占地宽度等的设计要求

明确道路两侧及小区内雨水排水系统的做法，室外大范围的平台、踏步，应设截水沟，组成排水网。如设置雨水口，应明确雨水口的设置位置和做法

室外环境的设计要求

室外工程如雨水管井过多而影响路面美观,可采用雨水盲沟排水方式,上用卵石装饰,雨水或雨水管排入盲沟内,统一排入市政管网(本方法主要适用多层住宅)

散水做法:埋入地下200毫米,上设绿化

室外庭院设置在地下室顶板上,当覆土层较厚时要充分考虑其重量,花池可通过带有微孔的PVC管外包土工布排入最近的雨水井,或事先在地下室顶板上预留排水孔,但应做好防水处理

室外泳池:深水池1.2~1.4米,按摩池0.75~0.8米,儿童嬉水池0.6~0.8米。埋地设计的游泳池应设管沟或柔性套管,以免因沉降而造成水管破裂和检修困难

化粪池、下水道位置距建筑主体不能太近,否则维修开挖时会导致建筑沉降,且维护成本高

室外环境的设计要求

设计07:道路规划

对于房地产项目的道路设计要求,具体如下图所示。

车道应满足停车、倒车尺寸要求及车行道、回车场等规范的规定

小区内道路设计要一次到位,后加时易引起客户纠纷

小区内的道路应考虑搬家车辆能够进出

道路设计要求

避免小区内的道路出现横向裂缝——混凝土延路施工应每隔4～6米留伸缩缝

 避免道路混凝土半角偶出现裂缝、窨井周边混凝土出现裂缝——应加设防裂钢筋和角偶钢筋

 机动车道上的排水沟沟盖板要选用带胶边的铸铁或其他新产品,不宜采用水泥盖板,以免车开过后噪声大,易破裂

 分期建设的工程项目,总平面图应平衡各期的道路,人行道,室内外±0.000标高,尽量减少标高、坐标等做法的差异引起的损失

道路设计要求

第四节 项目招投标管理

进行建设项目招投标是将建筑市场引入竞争机制,用以体现价值规律的一种方式,是实现科学化、现代化项目管理,推进管理创新的重要环节。建设工程招投标的目的是确保工程质量、缩短建设工期、节约建设资金、提高投资效益。

要点01:项目工程招标的范围

根据《工程建设项目招标范围和规模标准规定》第七条的规定,在第二条至第六条规定范围内的各类工程建设项目,包括项目的勘察、设计、施工、监理以及与工程建设有关的重要设备、材料等的采购,达到下图所示的标准之一的,必须进行招标。

其中,商品住宅,包括经济适用住房,属于该规定第三条的关系社会公共利益、公众安全的公用事业项目。

根据《工程建设项目招标范围和规模标准规定》第八条的规定,在建设项目的勘察和设计,采用特定专利或者专有技术的,或者其建筑艺术造型有特殊要求的,经项目主管部门批准,可以不进行招标。

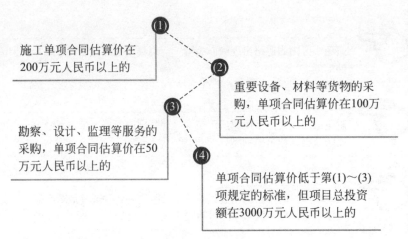

项目工程招标的范围

要点02：工程监理招标

建设工程监理招标是指招标人为了完成委托监理任务，以法定方式吸引监理单位参加竞争招标，从中选择条件优越者的法律行为。

1.招标方式

建设监理的工作内容非常广泛，覆盖项目建设的全过程，因此选择监理单位前，应首先确定委托监理的工作内容和范围。既可以将整个建设过程委托一个单位来完成，也可以按不同阶段的工作内容或不同合同的内容分别交予几家监理单位完成。建设工程监理招标的方式分为下图所示的两种。

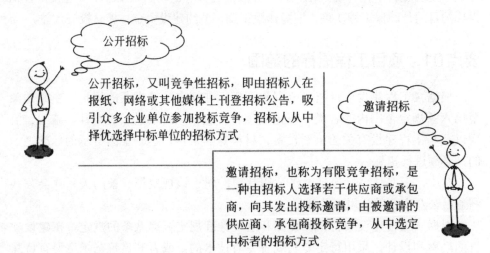

建设工程监理招标的方式

2.监理委托的范围

工程监理委托的范围可以是整个工程项目的全过程,也可以分段。考虑因素主要有下图所示的三个方面。

工程规模
对于中小型工程项目,可将全部监理工作委托给一个单位;若是大型或技术复杂的项目,则可按设计、施工等分段,分别委托监理

工程项目的专业特点
例如将土建工程与安装工程的监理工作分别进行招标

监理工作的难易程度
易于监理的项目可并入相关工作的监理内容中,例如将通用建材的采购监理并入土建监理工作;难度大的项目应单独委托监理,如设备制造等

工程监理委托范围的考虑因素

3.监理资格预审

监理资格预审的目的是对邀请的监理单位的资质、能力是否与拟实施项目的特点相适应的总体考察,而不是评定该项目监理工作的建议是否适用、可行。因此,资格审查的重点应侧重于投标人的资质条件、监理经验、可用资源、社会信誉、监理能力等方面,具体如下图所示。

资质条件,如资质等级,营业执照、注册范围,隶属关系,公司的组成形式,以及总公司和分公司的所在地,法人条件和公司章程

监理经验,如已监理过的工程项目一览表,已监理过类似的工程项目

现有资源条件,如公司人员,开展正常监理工作可采用的检测方法或手段,计算机管理能力

公司信誉,如监理单位在专业方面的名望、地位,在以往服务过的工程项目中的信誉,是否能全心全意地与业主和承包商合作

监理资格预审的重点

承接新项目的监理能力,如正在实施监理的工程项目数量、规模,正在实施监理的各项目的开工和预计竣工时间,正在实施监理工程的地点

监理资格预审的重点

4.监理招标文件的内容

监理招标文件应当能够指导投标人提出实施监理工作的方案建议。具体内容与施工招标文件大体相同,如下图所示。

投标须知

投标须知包括以下八个内容:工程项目综合说明、监理范围与业务、投标文件的编制与提交、无效投标文件的规定、投标起止时间、开标时间和地点、招投标文件的澄清和修改、评标办法等

合同条件

企业可以在招标文件的合同条件中,向投标人提出为取得中标必须满足的条件

提供的现场办公条件

招标文件应当明确规定为监理人员提供的交通、通信、住宿、办公用房等方面的现场办公条件

对监理人的要求

招标文件应当明确规定对现场监理人员、检测手段、解决工程技术难点等方面的要求

其他事项

主要包括有关的技术规范;对施工工艺的特殊要求;必要的设计文件、图纸、有关资料以及其他应说明的事项

监理招标文件的主要内容

要点03：工程勘察设计招标管理

勘察设计是工程建设的重要环节，勘察设计的好坏不仅影响建设工程的投资效益和质量安全，其技术水平和指导思想对城市建设的发展也会产生重大影响。

1.招标条件

根据《工程建设项目勘察设计招标投标办法》第九条的规定，依法必须进行勘察设计招标的工程建设项目，在招标时应当具备下图所示的条件。

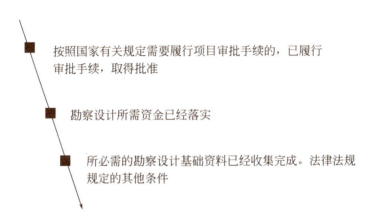

工程建设项目勘察设计招标条件

2.招标范围

按照国家规定需要履行项目审批、核准手续的依法必须进行招标的项目，有下列情形之一的，经项目审批，核准部门审批、核准，项目的勘察设计可以不进行招标。

（1）涉及国家安全、国家秘密、抢险救灾或者属于利用扶贫资金实行以工代赈、需要使用农民工等特殊情况，不适宜进行招标。

（2）主要工艺、技术采用不可替代的专利或者专有技术，或者其建筑艺术造型有特殊要求。

（3）采购人依法能够自行勘察、设计。

（4）已通过招标方式选定的特许经营项目投资人依法能够自行勘察、设计。

（5）技术复杂或专业性强，能够满足条件的勘察设计单位少于三家，不能形成有效竞争。

（6）已建成项目需要改、扩建或者技术改造，由其他单位进行设计会影响项目功能配套性。

（7）国家规定的其他特殊情形。

3.招标要求

招标人可以依据工程建设项目的不同特点,实行勘察设计一次性总体招标;也可以在保证项目完整性、连续性的前提下,按照技术要求实行分段或分项招标。

依法必须进行勘察设计招标的工程建设项目,在招标时应当具备下图所示的条件。

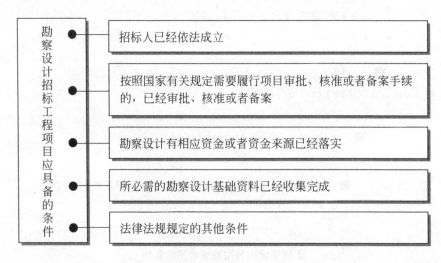

勘察设计招标的工程项目应具备的条件

4.招标文件的内容

招标人应当根据招标项目的特点和需要编制招标文件。勘察设计招标文件应包括下图所示的内容。

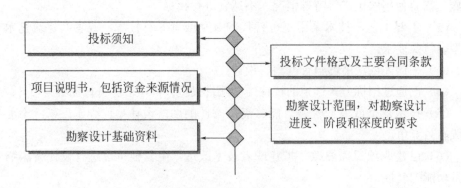

勘察设计招标文件应包括的内容

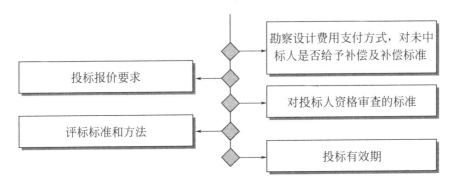

勘察设计招标文件应包括的内容

> **小提示**
>
> 投标有效期，是招标文件中规定的投标文件有效期，从提交投标文件截止日起计算。对招标文件的收费应仅限于补偿编制及印刷方面的成本支出，招标人不得通过出售招标文件谋取利益。

要点04：项目工程施工招标管理

工程建设项目符合《工程建设项目招标范围和规模标准规定》（国家计委令第3号）规定的范围和标准的，必须通过招标选择施工单位。任何单位和个人不得将依法必须进行招标的项目化整为零或者以其他任何方式规避招标。

1. 招标条件

根据《工程建设项目施工招标投标办法》第八条的规定，依法必须招标的工程建设项目，应当具备下图所示的条件才能进行施工招标。

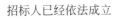招标人已经依法成立

条件

初步设计及概算应当履行审批手续的，已经批准

有相应资金或资金来源已经落实

有招标所需的设计图纸及技术资料

工程建设项目招标的条件

2. 招标范围

依法必须进行施工招标的工程建设项目有下图所示情形之一的,可以不进行施工招标。

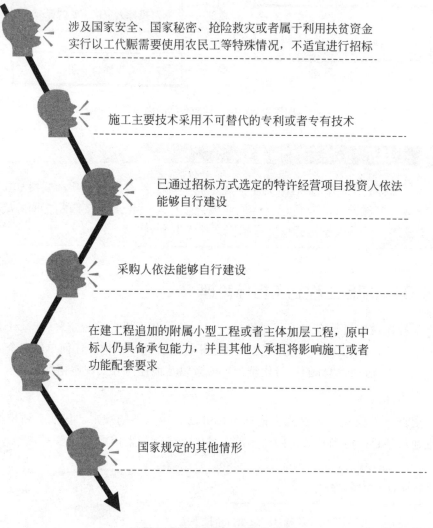

- 涉及国家安全、国家秘密、抢险救灾或者属于利用扶贫资金实行以工代赈需要使用农民工等特殊情况,不适宜进行招标
- 施工主要技术采用不可替代的专利或者专有技术
- 已通过招标方式选定的特许经营项目投资人依法能够自行建设
- 采购人依法能够自行建设
- 在建工程追加的附属小型工程或者主体加层工程,原中标人仍具备承包能力,并且其他人承担将影响施工或者功能配套要求
- 国家规定的其他情形

不属于项目工程施工招标的范围

3. 招标方式

工程施工招标分为公开招标和邀请招标。按照国家有关规定需要履行项目审批、核准手续的依法必须进行施工招标的工程建设项目,其招标范围、招标方式、招标组织形式应当报项目审批部门审批、核准。项目审批、核准部门应当及时将审批、核准确定的招标内容通报有关行政监督部门。

依法必须进行公开招标的项目，有下图所示情形之一的，可以邀请招标。

可以邀请招标的情形

全部使用国有资金投资或者国有资金投资占控股或者主导地位的并需要审批的工程建设项目的邀请招标，应当经项目审批部门批准，但项目审批部门只审批立项的，由有关行政监督部门批准。

4.招标公告的内容

招标公告或者投标邀请书应当至少包括下图所示的内容。

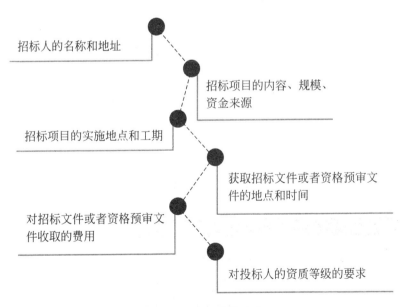

工程施工招标公告的内容

5.资格审查

资格审查应主要审查潜在投标人或者投标人是否符合下列条件。

（1）具有独立订立合同的权利。

（2）具有履行合同的能力，包括专业、技术资格和能力，资金、设备和其他物质设施状况，管理能力，经验、信誉和相应的从业人员。

（3）没有处于被责令停业，投标资格被取消，财产被接管、冻结，破产状态。

（4）在最近三年内没有骗取中标和严重违约及重大工程质量问题。

（5）国家规定的其他资格条件。

资格审查时，招标人不得以不合理的条件限制、排斥潜在投标人或者投标人，不得对潜在投标人或者投标人实行歧视待遇。任何单位和个人不得以行政手段或者其他不合理方式限制投标人的数量。

6.招标文件的内容

根据《工程建设项目施工招标投标办法》第二十四条的规定，招标人根据施工招标项目的特点和需要编制招标文件。招标文件一般包括下图所示的内容。

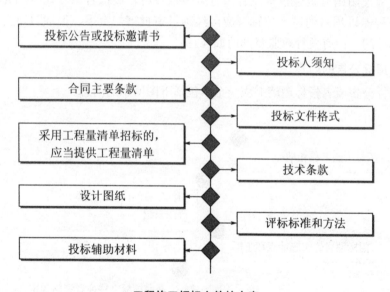

工程施工招标文件的内容

> **小提示**
>
> 招标人应当在招标文件中规定实质性要求和条件，并用醒目的方式标明。

第三章 房地产项目运作管理

随着社会的发展，现代建筑工程结构变得更加复杂，规模变得更大，标准要求也随之更高，由此可见，房地产项目管理是一个复杂的过程，它的顺利完成不仅需要投入人力、物力和资金等，更需要对项目进行高效运营管理。

一本书搞懂 房地产

阅读指引

近年来，随着我国经济的高速发展，项目管理在房地产企业发展过程中扮演着越来越重要的角色。而我国很多房地产企业不能快速发展，提升品质，很大的原因是对项目管理没有明确的认识，缺乏项目管理水平。

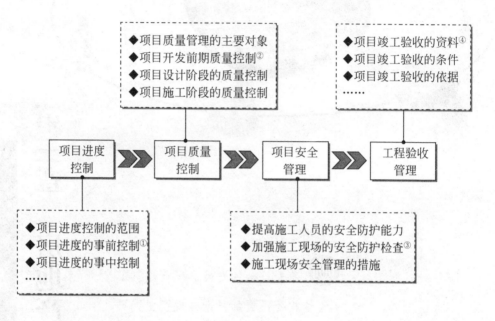

图示说明：

①事前控制就是事情发生之前就做好控制。对于房地产开发项目来说，事前控制包括两项工作，即合理制订计划和严格图纸会审。

②房地产开发项目前期工作的质量是整个工程房地产项目的关键，主要是指项目建议书、可行性研究报告、项目开发的产品策划等。

③加强施工现场安全防护的检查和验收，消除"物的不安全状态"。作为建设单位应组织监理单位和施工总承包单位进行定期的安全检查、专项检查和季节性检查。

④房地产项目竣工验收包括项目竣工资料和工程实体复查两部分内容，其中项目竣工资料包括立项文件和竣工文件。

第一节 项目进度控制

建筑施工项目管理过程是对项目实施过程中总体计划、协调与控制的过程,以达到预期目标的活动,其中项目进度管理是行之有效的保证施工项目按期、按质、安全、经济达成项目目标的有效工具和保障。

进度01:项目进度控制的范围

房地产项目工程进度控制的总目标贯穿在整个项目的实施过程中,要保证项目进度目标顺利完成,要保证计划目标与实际值的一致。项目管理者在进行项目进度控制时,要渗透到项目实施的全过程中去,对项目的各个方面进行控制。项目进度控制的范围包括下图所示的内容。

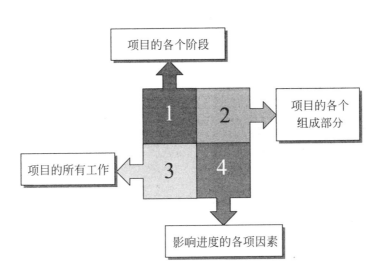

项目进度控制的范围

1.项目的各个阶段

从房地产项目控制的概念可以看出,房地产项目的进度控制涉及项目建设的全过程,具体如下图所示。

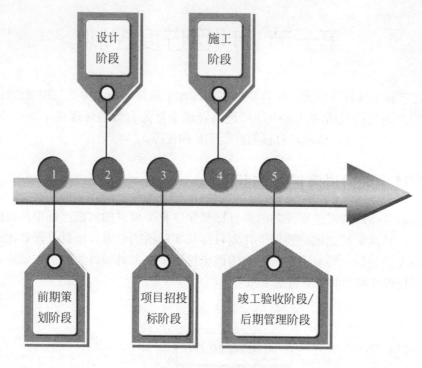

项目进度控制涉及全过程

2.项目的各个组成部分

项目管理者在进行进度控制时,对组成房地产项目的所有组成部分进行全方位的进度控制,具体如下图所示。

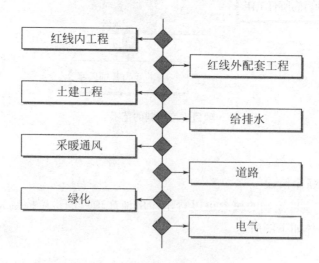

项目进度控制的组成部分

3.项目的所有工作

为了确保房地产项目按计划进度实施完成，就需要把有关项目建设的各项工作，如设计、施工准备、工作招标以及材料设备供应、竣工验收等工作列为进度控制的范围之内。因此，凡是影响房地产项目进度的工作都将成为进度控制的对象。当然，任何事务都有主次之分，使进度控制工作能够有条不紊、主次分明。

4.影响进度的各项因素

由于房地产项目具有资金庞大、业务复杂、建设周期长、涉及相关单位多的特点，造成影响项目因素很多，具体如下图所示。

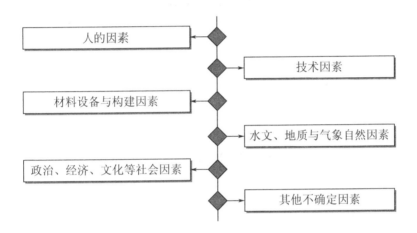

影响进度的各项因素

若要有效进行项目进度控制，就必须对上述各种因素进行全面的分析与预测。

进度02：项目进度的事前控制

事前控制就是事情发生之前就做好控制。对于房地产开发项目来说，事前控制包括两项工作，即合理制订计划和严格图纸会审。

1.合理制订计划

计划是控制的依据，计划制订合理，则进度控制就成功了一半；计划制订不合理，则进度控制失败的风险会增大。

计划制订的过程如下图所示。

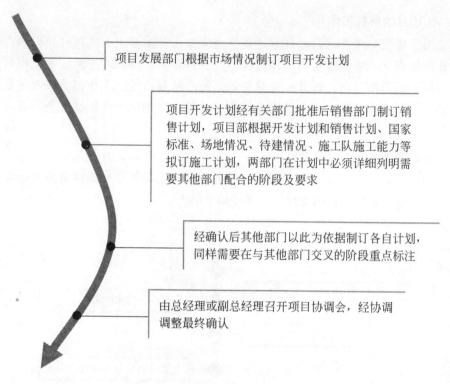

计划制订的过程

当然，计划制订过程可以有多种方式，但不论采用何种方式均应注意下图所示的三个问题。

 计划的制订应以项目为中心，各部门围绕项目进行计划

 计划制订过程中一定要进行详细的计划沟通，在部门之间有交叉的地方相关部门需要进行确认

 计划制订需要得到各个部门的重视，可以考虑将计划制订作为部门的重要业绩考核依据之一

计划制订应注意的问题

2.严格图纸会审

图纸会审是指工程各参建单位（建设单位、监理单位、施工单位）在收到审查合格的施工图设计文件后，在设计交底前对图纸进行全面细致的熟悉，审

查出施工图中存在的问题及不合理情况,并提交设计院进行处理的一项重要活动。通过图纸会审可以使各参建单位特别是施工单位熟悉设计图纸、领会设计意图、掌握工程特点及难点,找出需要解决的技术难题并拟订解决方案,从而将设计中存在的问题在施工之前解决。因此,图纸会审的深度和全面性将在一定程度上影响工程施工的质量、进度、成本、安全和工程施工的难易程度。

只要认真做好了此项工作,图纸中存在的问题一般都可以在图纸会审时被发现并尽早得到处理,从而可以提高施工质量、节约施工成本、缩短施工工期、提高效益。因此,图纸会审是工程施工前的一项必不可少的重要工作。

图纸会审的要求如下。

(1) 项目工程师应组织各专业工程师(技术员)、施工人员、质检人员熟悉图纸,细致了解设计意图和设计要点,掌握施工的关键部位,澄清图纸中的疑点,纠正图纸中的错漏。

(2) 加强各专业之间的配合,最大限度地发现图纸中存在的问题,减少图纸中漏查项目,消除设计缺陷,把图纸中的差错纠正在施工之前,给施工的正常有序推进提供保障。

(3) 向设计单位提出建设性意见,使设计更加完善、合理和便于施工,以保证不出现因为图纸差错而给质量、安全、环保地完成施工任务造成障碍,为编制施工组织设计和施工准备创造条件。

(4) 设计单位对设计意图和施工单位的图纸会审意见进行说明及答疑。参加图纸会审和设计交底的人员要实事求是,耐心、细致地解答施工单位提出的会审意见。对于现场无法答复的,要明确解决问题的具体时间和方式。施工单位同时要尊重设计单位意见,如有不同意见或建议,应通过正常途径和渠道解决。

(5) 项目部将内部图纸会审意见在图纸会审时向设计单位逐条提出,由设计单位相关人员逐条解答。图纸会审内容由项目部负责详细记录,并由建设、设计、施工、监理四方签字,形成图纸会审记录。设计单位当时决定不了的问题,由设计单位确定后补办洽商或设计变更,并及时发放有关单位。

进度03:项目进度的事中控制

项目进度的事中控制可采用节点控制法。节点控制法就是不断地、周而复始地进行循环控制,以日保旬(周)、以旬(周)保月、以月保季,最终确保施工进度按计划实施并争取提前。

1.节点控制的工作

节点过程控制是进度控制实施的主体阶段,也是进度控制成败的关键阶段。

过程控制的办法有多种，一般而言，过程控制应做好下图所示的几个方面的工作。

- 项目外围关系维护处理，以免因外部因素干扰而延误工期

- 保持与公司职能部门的紧密联系与沟通，加快一些审批手续的流转效率，如签证、设计变更等

- 处理好项目部与监理单位和施工单位的关系。项目部对施工单位的监控主要通过监理单位来实现，而监理行业本身的素质很难对施工单位进行主动有效的监控。项目部应严格对监理单位的控制，以制度为主，对施工单位则以人情等软手段进行控制

- 控制一定要形成书面记录

节点过程控制应做好的工作

2.节点控制的工具和手段

节点控制可用的工具和手段主要有：状态跟踪表、不履约通知、记日工，以及日报、月报、现场指令、现场巡视等。

3.节点控制要注意的事项

节点控制要注意下图所示的事项。

节点完成控制指应及时组织项目节点验收，并根据完成情况予以考核评价

不能如期完成的，应发出不履约通知作为警告以及后续考核处罚之用

进度发生变化时，还应变更后续项目施工计划并与其他部门沟通、发布计划变更信息

节点控制要注意的事项

进度04：项目进度的事后控制

项目进度的事后控制包括两个方面的工作，即计划变更的处理和进度超期的处理。

1. 计划变更的处理

计划变更的发生可由施工因素和施工之外的因素引起，具体如下图所示。

施工因素指项目施工造成的项目进度出现大的变化需要变更进度计划

施工之外的因素主要由于其他部门的进度不能跟上，从而影响施工；或因开发计划发生变化，则施工计划需要做相应改变

引起计划变更的因素

> **小提示**
>
> 不管何种计划变更，其处理都应是及时与相关部门取得联系，最好是组织召开计划变更协调会，将计划变更的影响降到最低。相关部门应做出计划变更的原因分析总结，为以后工作的改进提供建议。

2. 进度超期的处理

进度超期发生之后的处理同样需要引起重视。不少项目部发生超期后便"埋头苦干"，争取将进度追回来，导致的结果往往是增大成本和降低质量要求，加大后续服务难度。因此，出现进度超期的情况时应按程序妥善处理，具体方法如下图所示。

在进度超期实际发生之后，首先应知会领导及其他相关部门，而不是隐瞒

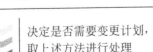

决定是否需要变更计划，如变更计划采取上述方法进行处理

处理方法

进度超期的处理方法

分析总结，形成书面材料

 追究有关责任

进度超期的处理方法

从以上分析可以看出，由于房地产项目开发的复杂性，房地产企业的工程进度控制是一项系统工程，不仅需要在过程处理上运用很多的小技巧，灵活控制监理单位和施工单位，还需要公司其他职能部门的密切配合和顺畅的沟通，从系统的角度去完善改进。

进度05：项目进度偏差控制

项目进度偏差控制主要是防止一些对项目进度有重大影响的变化出现，以及影响成本与质量的非常规进度的发生。

1.出现进度偏差的纠正措施

对于已经出现的进度偏差，房地产企业要及时采取纠正措施，以保证工期。可通过下图所示的两个措施来纠正偏差。

赶工

赶工是通过权衡成本与进度，确定如何以最低的成本来最大限度地压缩工期；也就是通过增加资源来加快关键路径上的活动，从而缩短工期

快速跟进

快速跟进是把正常情况下按顺序执行的活动或阶段并行执行，即通过并行活动来缩短工期
采取缩短早期任务、缩短最长的任务、缩短最容易的任务和缩短成本最少的活动等方式，保证目前进度按照原计划的总进度完成

出现进度偏差的纠正措施

2.避免进度偏差产生的方法

对于房地产开发项目来说，进度产生偏差，也是可以有效避免的，具体方法如下图所示。

决策层应充分考虑工程项目自身的客观要求、规律性及项目管理的可能性。要求项目管理单位全面优化资源配置,科学实施进度计划,最终按照计划实现项目总进度

 项目管理的进度计划可按照逆推法编制,各活动在按照理想的完工时间的基础上严格进行风险评估、计划、准备,以保证项目进度高质高效进行

 项目管理过程中加强沟通,各职能部门充分了解项目的进度计划,尤其是招标部门掌握项目各节点要求,加强设计单位、设备供货单位和施工单位之间工作协调,严格按计划安排的进度开展工作

 在出现进度偏差时采取有效措施,及早修改、调整进度计划,对项目的建设能起到指导、控制作用

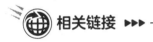

避免进度偏差产生的方法

相关链接

项目进度偏差产生的原因

房地产开发项目进度偏差产生的原因是多方面的,概括起来,主要有下述几方面。

原因1:设计方面的原因引起的进度偏差

(1)设计交底不清,承包方对设计意图理解不够,造成对技术处理方面的分歧而影响建设进度。

(2)设计变更频繁,工程量变化大或返工浪费大。

(3)设计单位对施工中出现问题处理不及时,相互协调配合差等。

原因2:施工方面的原因引起的进度偏差

(1)施工组织设计不落实,管理混乱。

(2)施工技术方案变动频繁。

(3)材料、设备等供不应求。

(4)施工质量及施工安全事故的发生。

(5)施工调度失灵。

（6）与业主、设计等单位配合不协调等。

原因3：监理单位方面的原因引起的进度偏差

（1）重视质量控制而忽视进度控制。

（2）监理工程师履行职责不力，决策不果断，甚至发布错误指令。

（3）监理工程师未按建设合同规定及时处理工程建设中出现的问题，拖延工期。

（4）监理工程师与业主、设计及施工单位配合不协调等。

原因4：其他因素引起的进度偏差

比如，不可抗拒的因素引发的进度偏差或是工期提前所引起的进度偏差等。

第二节 项目质量控制

众所周知，质量是产品的基准，也是企业赢得消费者信赖的根本要素。这一原则同样也适用于中小房地产企业。房地产工程与人们的生产生活密切相关，工程质量的好坏不仅关系到项目投资能否成功，建成后的项目更关系到国家和人民的生命、财产安全。

质量01：项目质量管理的主要对象

项目质量管理的主要对象是工程质量，它是一个综合性的指标，包括下图所示的四个方面。

工程投产运行后，所生产的产品的质量，该工程的可用性、使用效果和产出效益，运行的安全度和稳定性

工程结构设计和施工的安全性及可靠性

房地产项目质量管理的主要对象

所使用的材料、设备、工艺、结构的质量以及它们的耐久性和整个工程的寿命

工程的其他方面，如外观造型，与环境的协调，项目运行费用的高低以及可维护性和可检查性等

房地产项目质量管理的主要对象

质量02：项目开发前期质量控制

房地产开发项目前期工作的质量是整个工程房地产项目的关键，主要是指项目建议书、可行性研究报告、项目开发的产品策划等。

1.建立开发项目质量管理责任制

项目经理是开发项目质量的全权负责人，必须亲自抓质量工作。其职责如下图所示。

根据投资人项目开发战略和市场定位目标，负责编制开发项目质量计划，并组织实施

按质量计划规定，跟踪、督促、检查项目质量计划执行情况，特别是主要质量控制点的验证、检查和评审活动

对发现重大的管理方面或技术方面的质量问题，组织研究解决，向项目团队负责人报告

编制项目质量报告，报上级质检部门和总经理

项目质量管理责任职责

2.制订开发项目的质量计划

制订开发项目的质量计划必须做到下图所示的两点。

制订开发项目质量计划的要点

如是独立的开发项目团队，就应对开发企业的质量管理体系进行适当调整，把质量目标进行层层分解，按质量计划和实施步骤层层落实，一直落实到末端。每一层次的职责、权限、资源分配以及保证质量的措施都予以明确。

> **小提示**
>
> 质量管理计划要简明扼要，重点突出，具有可操作性。

3.建立开发项目前期工作成果的质量评审制度

建立评审制度是保证和提高开发项目前期成果质量的重要手段，采用德尔莫菲法进行评审，吸取更多专家的知识和智慧，可以及时发现问题，优化前期工作成果。

对项目咨询公司提供的项目咨询工作完成以后，开发商项目团队要求咨询公司先组织本项目人员对项目咨询成果进行自我评审，然后再进行内部评审。

内部评审完成后，咨询成果才能提交给委托方，建设方项目经理可邀请有关专家对咨询成果进行评审和完善，并形成相应的记录文件，以提高投资效益。

质量03：项目设计阶段的质量控制

一个房地产项目的工程设计质量不仅直接决定项目最终所达到的质量标准，而且也决定了项目实施程序和费用。因此，房地产公司必须重视设计阶段的质量控制，必须严格控制和认真协调项目设计的各个方面。

1.项目设计质量控制的范围

设计是从技术方面来定义工程的技术系统，它包括工程的功能、工艺、功能目标的设计和各专业的技术设计。设计中的任何错误都会在计划、实施、施工、运行中扩展放大，造成质量问题。涉及工程设计的质量包括如下两个方面。

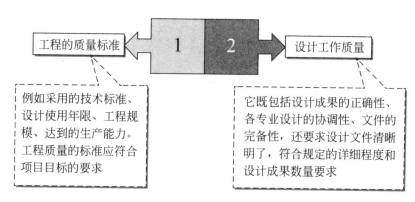

项目设计质量控制的范围

2.项目设计质量要求的确定

项目质量的要求是为项目的总目标服务的。对于房地产项目而言，质量标准的制定通常是在决策阶段提出的，在设计阶段逐步具体化，通常按下图所示的过程进行。

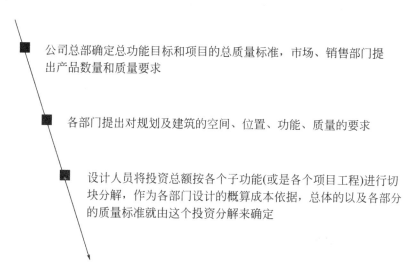

制定质量标准的过程

3.项目设计单位的选择

设计工作属于技术和艺术相结合的高智力型工作，其成果评价比较困难。设计方案以及整个设计工作的合理性、经济性、新颖性等常常不能从设计文件

（如图纸、规范、模型）的表面反映出来，所以设计质量很难控制。这就要求对设计单位的选择予以特别重视，要从下图所示的几个方面对设计单位进行选择。

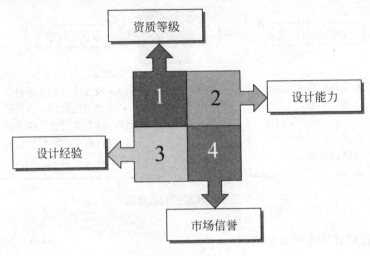

选择项目设计单位的依据

4.项目设计工作中的质量控制

在房地产开发项目设计阶段进行质量控制，能够建立起完善的质量控制机制，从而保障设计方案的合理性和质量可靠性。设计工作中的质量主要可通过下图所示的几个措施进行控制。

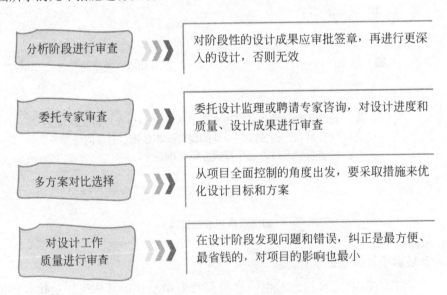

设计工作中的质量控制措施

质量04：项目施工阶段的质量控制

施工是开发项目形成实体的过程，也是决定最终产品质量的关键阶段，要提高开发项目的工程质量，就必须狠抓施工阶段的质量控制。

1. 施工阶段的质量控制要点

房地产项目施工阶段的质量控制不仅要保证项目的各个要素，如材料、设备、工艺等符合规定要求，而且要保证项目整体及各个部分都符合项目质量要求，达到项目预定的功能，使整个项目系统能经济、安全、高效率地进行。

（1）施工准备阶段　施工准备阶段的控制要点如下图所示。

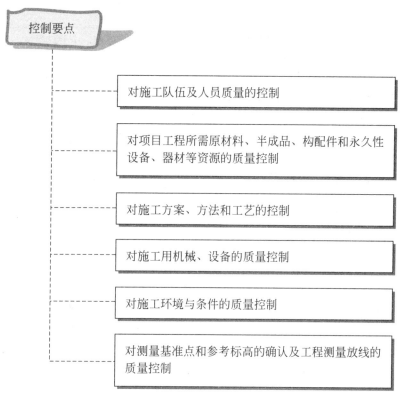

施工准备阶段的控制要点

（2）施工过程的控制要点　施工过程的控制要点如下图所示。

对施工承包单位质量控制的自检系统进行监督

对施工过程进行质量跟踪监控,严格工序间的交接检查,建立施工跟踪档案

会同建设监理单位审查设计单位或承包单位提出的工程变更或图纸修改

对重要的承重结构,主要部分的隐蔽工程(如基槽、钢筋混凝土基础、主体结构中现浇钢筋混凝土柱、梁及屋面防水等)进行检查验收,确认合格后办理隐蔽工程验收手续

进行给排水、电器安装的测试,如果符合设计要求,应予以签证;对设备安装检查应做盛水检查,防止设备的滴、漏、渗等现象

进行工程质量的评定和竣工验收准备工作,做好施工资料收集整理工作

认真记好施工日记,施工日记的内容应包括日期、天气情况、施工部位、施工内容,以及施工过程中发生事故及处理结果等

对沉降有观测要求的建筑物、构筑物,在施工过程中督促施工企业进行定期观察,并做好相应的记录

监督和协调施工企业做好文明施工及安全施工

施工过程的控制要点

2. 施工阶段质量控制的目标及方法

工艺控制和建材控制是施工阶段质量控制的主要方法,如下图所示。在这两个目标实现的过程中,两种方法需有机结合,交叉进行。

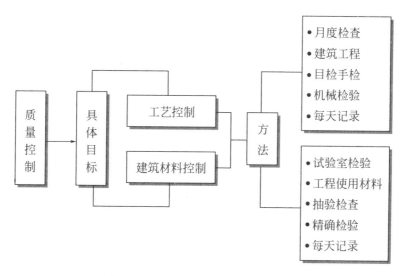

施工阶段工程质量控制的目标及方法

3.项目施工工序的质量控制

合理的施工工序是工程质量的又一个重要保证。在工程施工前，需对影响工序质量的因素或条件进行监控。要控制的内容一般如下图所示。

- 人的因素，如施工操作者和有关人员是否符合上岗要求
- 材料因素，如材料质量是否符合标准，能否使用
- 施工机械设备的条件，如其规格、性能、数量能否满足要求，质量有无保障
- 采用的施工方法及工艺是否恰当，产品质量有无保证
- 施工的环境条件是否良好等

影响工序质量的因素

4.施工材料的质量控制

施工材料是形成建筑物的基础，如果材料不合格，那么用这些材料建成的建筑物一定不合格，甚至会影响整个结构的安全。

（1）施工材料质量控制的基本要求　虽然工程使用的建筑材料种类很多，其质量要求也各不相同，但是从总体上说，建筑材料可以分为直接使用的进场材料和现场进行二次加工后使用的材料两大类。前者如砖或砌块，后者如砌筑砂浆等。材料质量控制的基本要求如下图所示。

- 材料进场时其质量必须符合现定
- 各种材料进场后应妥善保管,避免质量发生变化
- 材料在施工现场的二次加工后必须符合有关规定。如混凝土和砂浆配合比、拌制工艺等必须符合有关规范标准及设计的要求
- 了解主要建筑材料常见的质量问题及处理方法

材料质量控制的基本要求

(2) 进场材料的质量验收　对进场材料的质量验收需要严格执行有关程序,只有合格的材料才能进场使用。一般会采用下图所示的三个步骤。

1 对材料外观、尺寸、形状、数量等进行检查

通过实物检查,可以杜绝许多外观、尺寸不合格或实物性能与标准不符合标准的劣质材料。为保证进场材料的质量,进场材料必须有生产厂证明文件

2 检查材料性能是否符合设计要求

材料质量不仅应该达到规范规定的合格标准,当设计有要求时,还必须符合设计要求。因此,材料进场时,还应对照设计要求进行检查验收

3 对主要材料抽样复试

为了确保工程质量,对涉及地基基础与主体结构安全或影响主要建筑功能的材料,应当按照有关规定进行抽样复试。例如,对进入施工现场的水泥的安定性、钢材的力学性能等进行抽样复试,以检验其实际质量与所提供的质量证明文件是否相符

进场材料的质量验收步骤

（3）见证取样和送检　随着房地产项目工程质量管理的深化，对工程材料试验的公正性和可靠性提出了更高的要求。见证取样和送检的具体做法如下图所示。

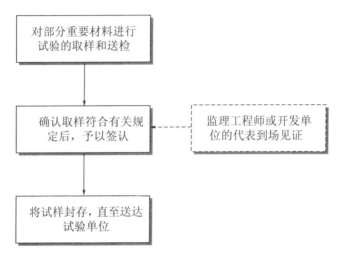

见证取样和送检的具体做法

> **小提示**
>
> 这种方法，较好地对取样送检过程实施了第三方监督，使试样的公正性大为提高。

（4）新材料的使用　新材料通常指新研制成功或新生产出来的未曾在工程上使用过的材料。建筑工程使用新材料时，由于缺乏相对成熟的使用经验，对新材料的某些性能不熟悉，因此必须贯彻严格和稳妥的原则。新材料的使用应该满足下图所示的三条要求。

第一，新材料必须是正式产品

新材料必须是生产或研制单位的正式产品，产品质量应达到合格等级。没有质量标准的材料或不能证明质量达到合格的材料，不允许在建筑工程上使用

新材料的使用应该满足的要求

第二，新材料必须通过试验和鉴定

为了确保新材料的可靠性与耐久性，在新材料用于工程前，应通过一定级别的技术论证与鉴定。对涉及地基基础、主体结构安全及环境保护、防火性能以及影响重要建筑功能的材料，应经过有关管理部门批准

第三，必须得到参与方认可

使用新材料，应经过设计单位和施工单位认可，并办理书面认可手续

新材料的使用应该满足的要求

（5）常用建筑材料的质量控制　建筑材料质量的检验项目可分为"一般试验项目"和"其他试验项目"。前者指在大多数情况下需要进行的试验项目，后者则是根据具体情况和需要，必要时应进行的试验项目。

例如，对水泥而言，一般应进行标准稠度、凝结时间、抗压和抗折强度试验。但如果进场水泥是小窑水泥，则应增做安定性试验。

材料质量检验的取样必须有代表性，在采取试样时，必须按规定的部位、数量及采选的操作要求进行。

第三节　项目安全管理

房地产行业工程量比较大，涉及的范围也比较广。正是由于范围广，危险的程度高，不确定的不安全因素多，稍微疏忽大意就能导致严重的施工事故，甚至造成生命财产的损失。因此，加强项目安全管理就显得尤为重要。

安全01：提高施工人员的安全防护能力

提高施工人员的自我安全防护能力，消除"人的不安全行为"。自我安全防护能力是指施工人员在施工现场对施工过程中出现的不安全因素的敏感、预见、控制和排除的能力。施工人员自我防护能力的大小主要取决于五个因素，具体如下图所示。

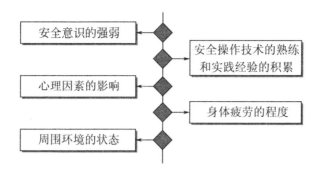

施工人员自我防护能力大小的取决因素

因此,在对人的管理上,也要有针对性地从这几个方面进行着手。

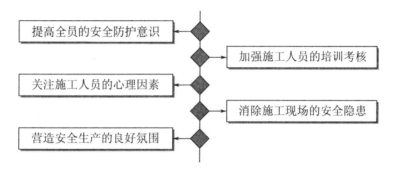

项目安全对人的管理要求

安全02:加强施工现场的安全防护检查

加强施工现场安全防护的检查和验收,消除"物的不安全状态"。作为建设单位,应组织监理单位和施工总承包单位进行定期的安全检查、专项检查和季节性检查。检查的主要包括下图所示内容。

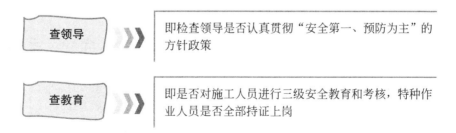

施工现场安全防护的检查内容

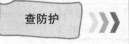 即施工现场的临边、洞口、脚手架、作业面等是否按照要求进行了安全防护，机械设备及临电设施是否满足标准要求

 即总承包单位的各项安全管理制度是否健全，是否真正得到落实

 即施工现场是否存在安全事故隐患

施工现场安全防护的检查内容

安全检查只是发现不安全因素的一种手段，采取措施认真整改落实，消除不安全因素，把事故消除在萌芽状态，实现安全施工才是目的。因此，在检查中要认真贯彻落实"边检查，边整改"的原则，对检查出的隐患，要定人、定措施、定标准、定完成日期，尽快完成整改。对在检查中发现的安全隐患可以根据隐患的严重程度和发生频率进行分类，并采取相应的处理措施，具体如下图所示。

  对于具有重大伤亡事故危险，或发生事故可能性较大的隐患，应立即停工进行整改。整改完成之后进行复查，复查合格后，才能复工

  对于事故隐患比较严重，但发生可能性不大，或者由于客观条件的限制不能立即解决，则要限期整改，并采取临时防护措施，确保施工安全

  对于一般隐患，不会造成重大事故，一时又不能马上整改的，也应进行登记，明确整改责任人和检查人，待整改完成后进行销项

安全隐患的分类及处理措施

安全03：施工现场安全管理的措施

施工现场是施工因素的集中点，也是建筑产品最终形成的场所。在施工生产中，必须坚持"安全第一、预防为主、综合治理"的方针，按照建筑施工安全管理的要求，采取各种行之有效的安全技术，做到标准化生产、高效生产、安全生产，以提高建筑施工安全管理水平，具体措施如下图所示。

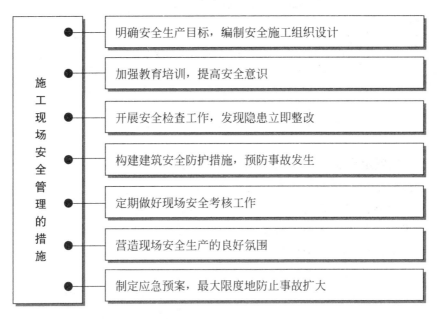

施工现场安全管理的措施

1.明确安全生产目标，编制安全施工组织设计

项目部要根据工程的情况，制定切实可行的安全生产目标，明确现场安全管理要达到的标准，如安全经费投入、文明施工目标等，使安全管理有一个明确的方向。同时项目技术负责人必须编制相关的安全施工组织设计和方案，对现场安全施工起指导性作用。组织设计及方案的编制必须要有针对性。

2.加强教育培训，提高安全意识

人的不安全行为是建筑施工安全风险的三大因素之一，高处坠落、触电等建筑施工安全事故都与人的行为有关，人的不安全行为与一半以上建筑施工安全事故有关，而消除人的不安全行为重在教育培训，提高建筑从业人员的安全技能和安全意识。重点抓好两个环节的安全生产教育，具体如下图所示。

抓好建筑施工特殊工种的安全技能教育

建筑施工特殊工种必须坚持教育、培训、考核和执证上岗的要求，坚持严格教育培训，考核不合格不发上岗证，无上岗证不得上岗，严格建筑特殊工种管理

加强岗前教育培训和安全技术交底

建筑从业人员上岗前应结合工程进度和安全管理实际，对有关安全技术事项向所有进行施工的现场人员进行安全技术交底和岗前教育，提高安全生产意识，认识安全生产的新情况和新问题，掌握注意事项，消除安全隐患

提高建筑从业人员安全技能和安全意识的重要环节

3.开展安全检查工作，发现隐患立即整改

建筑施工现场是一个动态复杂的工作现场。不论项目部对安全多重视，管理制度多严格，安全教育多完善，在日常的施工作业当中依然会存在许多安全隐患及发生"三违"现象，所以安全检查在现场的安全管理工作中是必不可少的一个环节。具体内容如下图所示。

开展安全检查工作有哪些内容？

相关人员必须每天对现场进行细致的检查，检查尺度要"严"和"准"，发现隐患后应立即"按规定"要求提出整改，整改要求应根据有关规范标准结合现场实际情况进行商定

同时要对整改负责人进行必要的讲解，避免出现整改后仍无法满足安全生产的情况出现

开展安全检查工作的内容

4.构建建筑安全防护措施，预防事故发生

由于人容易受到心理、生理等条件的局限，提高安全生产意识并不能完成

杜绝建筑施工安全事故，建筑安全防护措施也是预防事故的重要手段。建筑施工安全措施主要是抓好"三宝""四口""五临边"的安全防护，防范高处坠落事故，具体如下图所示。

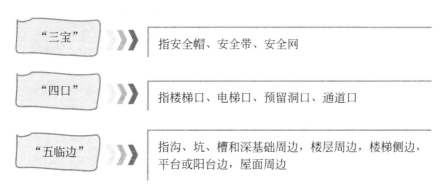

"三宝""四口""五临边"的含义

小提示

"三宝""四口""五临边"的安全防护主要可降低高处坠落、物体打击事故概率，减小高处坠落和物体打击事故损失。

5.定期做好现场安全考核工作

施工项目部要成立以项目经理为首的安全考评小组，针对现场层层签订的《安全生产责任书》定期对现场管理人员进行考评，考评内容为管理人员岗位责任的完成情况及安全目标的落实情况，考评成绩可以与物质奖励挂钩，以提高管理人员的工作积极性。对班组也可进行相应的考核活动，考核内容要尽量采用量化方式，能如实地反映被考核班组管理人员的安全管理能力，表现好的进行奖励；反之进行处罚。

考核的目的在于对班组管理人员进行激励和约束，增强其安全管理班组作业人员的意识，最终提高班组管理人员的管理水平以及作业班组的整体安全意识，减少"三违"现象发生。

6.营造现场安全生产的良好氛围

有关部门做过统计，得出的结论是：氛围与事故成反比。施工现场要做好安全管理工作，也需要在平时抓好安全生产氛围的建设工作，具体措施如下图所示。

通过安全培训、安全月等形式进行常规性的安全教育

充分发挥安全会议、黑板报、违章曝光栏及警示牌等多种途径的作用,强化宣传效果,营造出"人人讲安全,事事讲安全,时时讲安全"的氛围,使现场的作业人员逐步实现从"要我安全"到"我要安全"的思想转变

安全生产氛围的建设工作

7.制定应急预案,最大限度地防止事故扩大

对建筑施工安全风险管理来讲,采取培训教育、安全防护等措施可降低事故发生的可能性,但并不能从根本上杜绝建筑施工安全事故,需要制定应急救援预案、加强应急救援演练,在发生事故时,采取有效措施,防止事故进一步扩大。

应急救援预案主要是针对可能发生的建筑施工安全事故,为迅速、有效、有序地开展应急行动而预先制定的方案,通过制定应急救援预案明确事前、事发、事中、事后的各个进程。一旦发生事故,施工企业具有应急处理程序和方法,能快速反应处理故障或将事故消灭在萌芽状态的初期阶段,使可能发生的事故控制在局部,防止事故的扩大和蔓延。

 相关链接 ▶▶▶

施工现场安全管理存在的问题

施工现场多是室外露天高空作业,生产和生活条件艰苦,从业人员素质相对较低,且流动性大,属于工伤事故多发行业。建筑施工的安全势态非常严峻,在安全管理中还存在不少问题需要解决。

问题1:建筑施工单位和人员的安全意识淡薄

有的建设单位和人员法律意识淡薄,安全行为不规范,按法定建设程序办事,规避政府监管;有的建设单位不依法进行施工图审查,不依法招标和报建,不依法办理质量安全监督和施工许可手续;有的建设单位还违法将工程发包给不具备相应资质的企业甚至个人。这些现象都造成了建筑施工事故频发和重特大恶性事故的发生。

有的设计单位的安全行为不规范,有的设计单位挂靠的人员多,设计质

量难以保证，违反强制性标准的现象屡见不鲜；施工图审查后随意迁就建设单位和施工单位，擅自变更，降低要求，从而埋下了安全事故的隐患。

问题2：安全管理机构和管理人员不能满足实际需要

安全管理机构和人员被精简、合并，专职安全员远远不能满足工程的实际需要，很多安全员技术素质差，对安全管理略知皮毛，既无监督管理职能，又不能履行职责。

问题3：安全管理人员资质参差不齐

建筑施工要求每个项目都由经过培训、具备相应资格的建造师主持，然而实际上有不少工程是挂靠的，工程项目部为了减少开支和降低成本，管理人员并不齐全。施工现场安全管理混乱，施工用电、封闭作业、临边防护大都不符合规范，没有形成制度，随意性很大，管理水平很低。

问题4：安全教育不落实

安全教育培训滞后，建筑施工企业安全管理人员数量相对较少，综合素质较低，达不到工程管理的需要，使得安全管理工作薄弱。另外，建筑工地从业人员整体素质不高，大部分一线人员特别是农民工缺乏基本安全知识，其安全防范意识和操作技能低下，违章作业的现象严重，对农民工的安全培训比较滞后，导致大多数人未经培训就上岗。有的工地现场安全生产管理资料虽然齐全，也记录了教育培训等内容，但操作人员的安全培训流于形式。

问题5：安全监督不到位

不能否认，一些监督执法人员的思想业务素质不高，不能正确履行职责，有的甚至玩忽职守。有些建设行政主管部门和监督机构不积极主动执法，不强化责任监督人员对工程建设项目的日常巡查职责，致使规避监管行为得不到及时发现和制止，安全监督不能及时到位。已纳入监管的项目，对事故隐患查处不力、措施不坚决、整改不到位，致使各种安全事故隐患无法及时消除。

第四节　工程验收管理

房地产项目竣工验收就是指房地产项目经过承建单位的施工准备和全部的施工活动，已经完成了项目设计图纸和承包合同规定的全部内容，并达到了建设单位的使用要求,向使用单位交工的过程。它标志着项目的施工任务已经全面完成。

验收01：项目竣工验收的资料

房地产项目竣工验收包括项目竣工资料和工程实体复查两部分内容,其中项目竣工资料包括如下内容。

1.立项文件

立项文件包括项目建议书批复、项目建议书、可行性研究报告审批意见、项目评估文件、计划任务书批复、计划任务书、建设用地审批文件、动拆迁合同（或协议）、建设工程规划许可证等。

2.竣工文件

竣工文件包括项目竣工验收的批复、项目竣工验收报告、安全卫生验收审批表、竣工验收单、卫生防疫验收报告单、工程消防验收意见单、人防竣工验收单、建设工程监督检查表、工程决算汇总表等。具体如下图所示。

设计文件

包括初步设计的批复、工程概算、工程水文、地质勘探报告及地质图、设计计算书或代保管说明书

监理文件

包括监理大纲、监理合同、监理总结、监理业务联系单、基建单位工程评价报告等

施工技术文件

这部分内容很多,需要施工单位分项、分部地详细准备,包括竣工验收证书、开工报告、竣工报告、隐蔽工程验收记录、工程质量事故报告、设计图纸交底会议记录、技术核订单(包括设计变更通知、补充图)等

竣工图

总平面图、室外管线总平面图、建筑竣工图、结构竣工图、给排水竣工图、电力及照明通风竣工图、电信竣工图、桩基(位)竣工图等

竣工文件的范围

验收02：项目竣工验收的条件

房地产开发项目竣工验收的条件如下图所示。

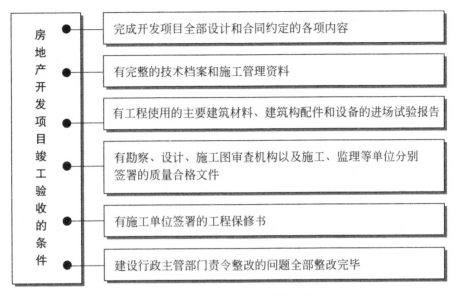

房地产开发项目竣工验收的条件

验收03：项目竣工验收的依据

房地产项目竣工验收的依据如下图所示。

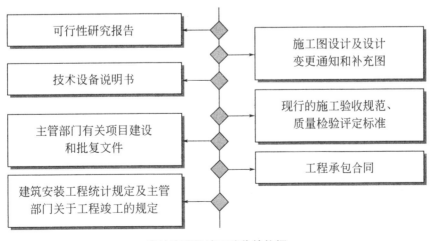

房地产项目竣工验收的依据

验收04：项目竣工验收各阶段的工作内容

房地产项目竣工验收的工作分几个阶段来执行，具体如下图所示。

1. 施工收尾阶段

施工收尾阶段的工作内容如下图所示。

项目经理要组织有关人员逐层、逐段、逐部位、逐房间地进行查项，检查施工中有无丢项和漏项，一旦发现，必须立即交由专人定期解决，并在事后按期进行检查

保护成品和进行封闭，对已经全部完成的部位、查项后修补完成的部位，要立即组织清理

有计划地拆除施工现场的各种临时设施和暂设工程，拆除各种临时管线，清扫施工现场，组织清运垃圾和杂物

有步骤地组织材料、工具和各种物资的回收、退库，以及向其他施工现场转移和进行处理工作

做好电气线路和各种管线的交工前检查，进行电气工程的全负荷试验

施工收尾阶段的工作内容

2. 竣工准备阶段

竣工准备阶段的工作内容如下图所示。

组织工程技术人员绘制竣工图，清理和准备各项需要向建设单位移交的工程档案资料，并编制工程档案资料移交清单

组织以预算人员为主，生产、管理、技术、财务、材料、劳资等人员参加或提供资料，编制竣工结算表

竣工准备阶段的工作内容

准备工程竣工通知书、工程竣工报告、工程竣工验收证明书、工程保修证书等

组织好工程自验(或自检)，报请上级领导部门进行竣工验收检查，对检查出的问题，应及时进行处理和修补

准备好工程质量评定的各项资料。主要按结构性能、使用功能、外观效果等方面，对工程的地基基础、结构、装修以及水、暖、电、卫、设备安装等各个施工阶段所有质量检查资料，进行系统的整理

竣工准备阶段的工作内容

3.竣工预验阶段

（1）预验的标准应与正式验收一样，主要依据是：国家（或地方政府主管部门）规定的竣工标准；工程完成情况是否符合施工图纸和设计的使用要求；工程质量是否符合国家和地方政府规定的标准及要求；工程是否达到合同规定的要求和标准等。

（2）参加自检的人员，应由项目经理组织生产、技术、质量、合同、预算以及有关的施工工长（施工员、工号负责人）等共同参加。

（3）自检的方式，应分层、分段、分房间地由上述人员按照自己主管的内容逐一进行检查。在检查中要做好记录，对不符合要求的部位和项目，确定修补措施和标准，并指定专人负责，限期处理完毕。

（4）在基层施工单位自我检查的基础上，并对查出的问题全部处理完毕后，项目经理应提请上级（如果项目经理是施工企业的施工队长级或工区主任级者，应提请公司或总公司一级）进行复验（按一般习惯，国家重点工程、省市级重点工程，都应提请总公司级的上级单位复验）。通过复验，要解决全部遗留问题，为正式验收做好充分的准备。

4.竣工初验阶段

竣工初验阶段的工作内容如下图所示。

施工单位决定正式提请验收后，应向监理单位送交验收申请报告，监理工程师收到验收申请报告后，应按工程合同的要求、验收标准等进行仔细审查

竣工初验阶段的工作内容

监理工程师审查完验收申请报告后,若认为可以进行验收,则应由监理人员组成验收班子,对竣工的项目进行初验

在初验时发现的质量问题,应及时以书面通知或以备忘录的形式告诉施工单位,并令其按有关的质量要求进行处理甚至返工

竣工初验阶段的工作内容

5.竣工验收阶段

在监理工程师初验合格的基础上,便可由监理工程师牵头,组织业主、设计单位、施工单位等参加,在规定的时间内对房地产项目进行正式验收。

验收05:项目竣工验收的步骤

竣工验收可分为两个阶段进行,具体如下。

1. 单项工程验收

单项工程验收是指在一个总体建设项目中,一个单项工程或一个车间已按设计要求建设完成,能满足生产要求或具备使用条件,且施工单位已预验,监理工程师已初验通过,在此条件下进行的正式验收。

(1)由几个建筑安装企业负责施工的单项工程,当其中某一个企业所负责的部分已按设计完成,也可组织正式验收,办理交工手续,交工时应请总包施工单位参加,以免相互耽误时司。

例如,自来水厂的进水口工程,其中钢筋混凝土沉箱和水下顶管是基础公司承担施工的,泵房土建则由建筑公司承担,建筑公司是总包单位,基础公司是分包单位,基础公司负责的单体施工完毕后,即可办理竣工验收交接手续,请总包单位(建筑公司)参加。

(2)对于建成的住宅可分幢进行正式验收。

例如,一个住宅基地一部分住宅已按设计要求内容全部建成,另一部分还未建成,可将建成具备居住条件的住宅进行正式验收,以便及早交付使用,提高投资效益。

2. 单位工程验收

单位工程验收是指整个建设项目已按设计要求全部建设完成,并已符合竣工验收标准,施工单位预验通过,监理工程师初验认可,由以建设单位为主,

监理、设计、施工等单位参加的正式验收。在整个项目进行单位工程验收时，对已验收过的单项工程，可以不再进行正式验收和办理验收手续，但应将单项工程验收单作为单位工程验收的附件而加以说明，具体要求如下图所示。

项目经理介绍工程施工情况、自检情况以及竣工情况，出示竣工资料(竣工图和各项原始资料及记录)

监理工程师通报工程监理中的主要内容，发表竣工验收的意见

业主根据在竣工项目目测中发现的问题，按照合同规定对施工单位提出限期处理的意见

暂时休会，由质检部门会同业主及监理工程师讨论工程正式验收是否合格

复会，由监理工程师宣布验收结果，质监人员宣布工程项目质量等级

单位工程验收的要求

3. 办理竣工验收签证书

竣工验收签证书必须有三方的签字才能生效。

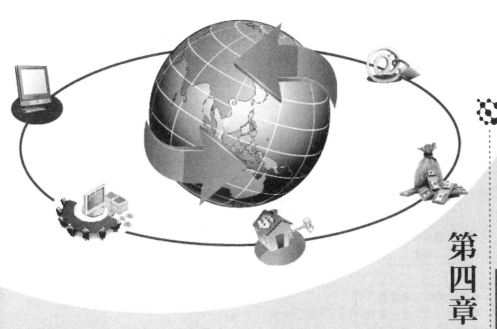

第四章 房地产项目营销管理

房地产营销是房地产经营中的一个重要环节,强有力的房地产市场营销活动不仅可以促进地区的经济繁荣,还有助于将计划中的房地产开发建设方案变成现实,使每一宗物业都顺利出售或出租。

阅读指引

从某种意义上讲，房地产营销是在对市场的深刻理解的基础上的高智能的策划。它蕴含在企业生产开发经营的全过程中，由市场调查、方案制定和建筑总体设计、价格定位、广告中介服务、售后服务以及信息反馈等组成。

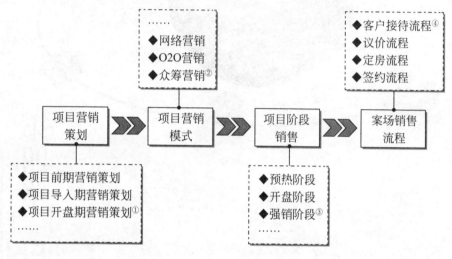

图示说明：

①项目开盘期营销策划的工作重点如下：开盘前营销策划的准备工作，编写《项目定价建议报告》《开盘方案》及《开盘工作总结》。

②众筹营销主要有以下六种模式：融资型开发类众筹、营销型开发类众筹、定向类众筹、购买型+理财型众筹、彩票型众筹、Reits型众筹。

③强销阶段可采用如下的促销策略：细化价格、强化项目自身条件、寻找市场推广机会、加强销售人员的组织和培训、加强项目的宣传推广。

④案场接待管理流程如下：客户来访、热情接待、基本介绍、整体介绍、充分介绍、细致介绍、参观样板房、客户登记、跟进服务。

第一节 项目营销策划

地产项目是产品，产品的价格、消费对象、促销策略、品质都需要事先研究并确定，才能销售出去。一个楼盘想要做成功，必须具备全局性的营销观念，进行所谓的"整体营销"和"全程营销"。

策划01：项目前期营销策划

项目前期营销策划工作重点主要包括以下两点。

1.《市场调研报告》的编制与评审

（1）《市场调研报告》的编制要点 《市场调研报告》的编制需包括下图所示的要点。

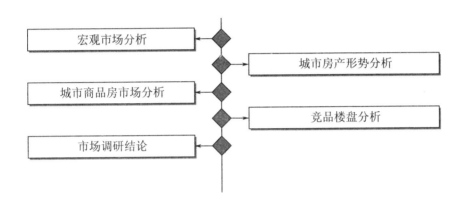

《市场调研报告》的编制要点

（2）《市场调研报告》编写与评审要求 《市场调研报告》编写与评审要求如下图所示。

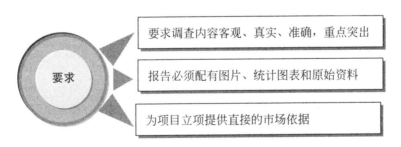

《市场调研报告》编写与评审的要求

2.《产品策划书》的编写与评审

（1）《产品策划书》的编制要点 《产品策划书》的编制要点如下图所示。

前言	(1)项目可行性研究结论 (2)项目开发理念
项目地块及周边概况	(1)项目地块规划指标 (2)地理位置及现状 (3)自然条件
项目所在的城市历史文化背景	(1)历史文化内涵与底蕴 (2)地方文化习俗 (3)城市建筑的特色
市场定位	(1)主要竞争楼盘分析 (2)本项目市场定位 (3)目标客户群分类
产品定位	(1)产品定位 (2)产品类型组合与面积分配 (3)户型配比概述 (4)公共配套概述

《产品策划书》的编制要点

（2）编写与评审要求

《产品策划书》的编写与评审的要求如下图所示。

《产品策划书》的编写与评审的要求

策划02：项目导入期营销策划

项目导入期营销策划的工作重点主要包括以下几点。

1.编制《项目营销策划整体工作计划表》

房地产企业应组织相关人员编制《项目营销策划整体工作计划表》,经项目负责人确认,报营销部门审核后,予以实施。

《项目营销策划整体工作计划表》包含的要素,具体如下图所示。

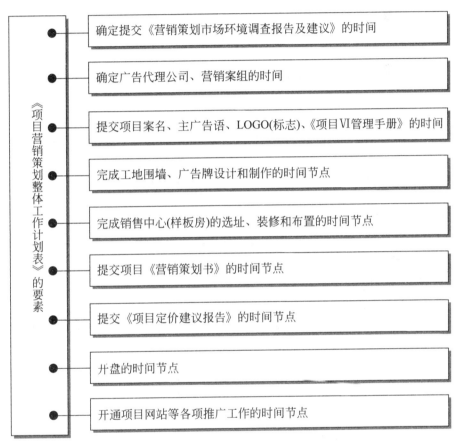

《项目营销策划整体工作计划表》的要素

2.确定项目案名

项目营销负责人应该在开工前编制《项目命名(组团命名)方案报告》,经项目公司负责人确认并与当地民政部地名管理办公室沟通后,报营销公司本部审核,经公司董事长审批后,由项目公司发文予以明确,同时报当地地名办批准。

《项目命名(组团命名)方案报告》的编制要点,具体如下图所示。

项目所在区域的地域特色、文化历史简述

本项目概况,包括区域位置、产品类型、产品档次、目标客户预测

项目所在区域其他楼盘命名现状、特点与分类

公司同系列(同产品类型)楼盘案名特点分析

本项目案名建议及内涵阐述(主推案名1~3个,备选案名若干)

《项目命名(组团命名)方案报告》的编制要点

3.确定项目主广告语、项目LOGO、项目推广主画面

项目公司在确定项目案名后,应于两周内完成项目主广告语、项目LOGO、项目推广主画面备选方案。

4.编制《项目VI管理手册》

项目公司在确定项目主广告语、项目LOGO、项目推广主画面方案后两周内完成《项目VI管理手册》,经项目公司负责人确认后,报营销部审批。

《项目VI管理手册》的编制要点,主要如下图所示。

《项目VI管理手册》的编制要点

5.编写《营销策划书》

项目营销负责人组织《营销策划书》的编写,《营销策划书》的编写应按照

《项目营销策划整体工作计划》的时间节点要求,结合项目实际进度,在市场调查实际情况的基础上进行。

《营销策划书》的编写要点主要包括下图所示的内容。

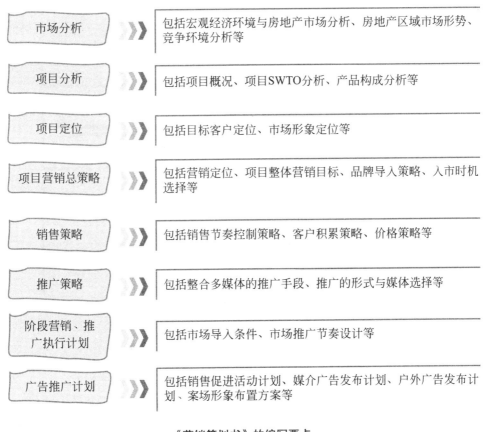

《营销策划书》的编写要点

策划03:项目开盘期营销策划

项目开盘期营销的工作重点主要有以下几点。

1.开盘前营销策划准备工作

根据评审定稿的《营销策划书》及项目工程进度,项目营销策划人员负责实施项目开盘前营销策划各项准备工作。项目开盘前营销策划的准备事项,主要如下图所示。

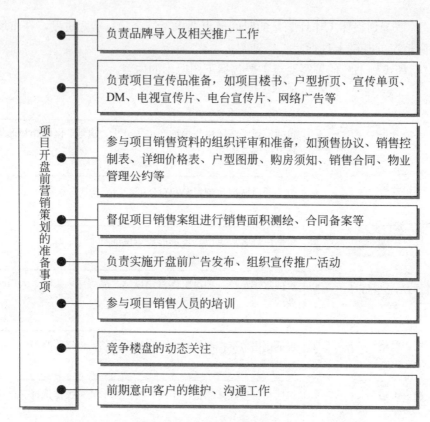

项目开盘前营销策划的准备事项

2. 编写《项目定价建议报告》

《项目定价建议报告》的编写应在市场调查实际情况的基础上进行，一般在项目开盘销售前两个月开始，并需根据相关规定，原则上要求在开盘前7日通过评审。其编写要点如下图所示。

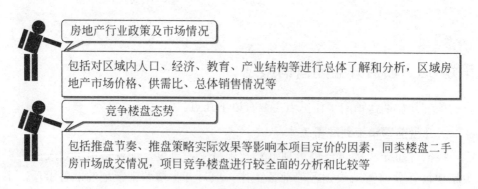

《项目定价建议报告》的编写要点

项目概况

包括产品概况、产品平面说明、产品工程进度、可售房源套数、面积、房型分析等

意向客户分析

从客户年龄、分布区域、职业、收入、户型面积需求、置业目的、配套需求等方面进行分析

定价策略

综合研究每个因素影响,制定合理的定价策略,需包括住宅、车位、商铺等方面的策略,包括基本总体策略、阶段性策略等

具体定价建议

包括项目总体均价、各套差价因素、项目具体价格表、优惠措施等

调价方案

包括根据项目销售进度,确定项目调价节奏及幅度;根据项目工程进度确定项目调价节奏及幅度等

《项目定价建议报告》的编写要点

3. 编写《项目开盘方案》

《开盘方案》的编制应在市场调查及客户梳理分析基础上进行,编制完成后应根据相关规定进行评审后定稿,要求最迟于开盘前20天完成并审批通过。

《开盘方案》的编写要点如下图所示。

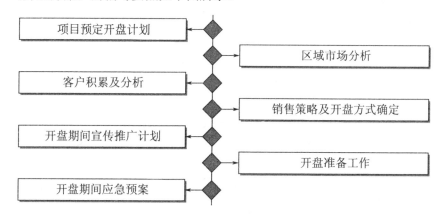

《开盘方案》的编写要点

4.编写《开盘工作总结》

项目开盘销售15天左右,项目营销策划人员应组织编写《项目开盘工作总结》。其编写要点如下图所示。

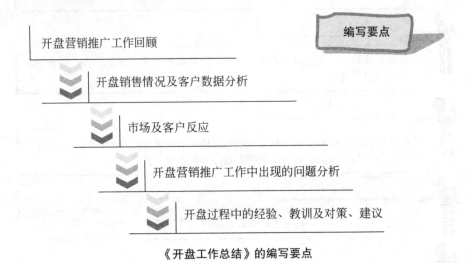

《开盘工作总结》的编写要点

策划04:项目持续期营销策划

项目持续营销期的工作重点主要有以下几点。

1.编写《项目年度营销推广工作计划》

《项目年度营销推广工作计划》由各项目营销负责人组织编写,经项目公司负责人确认后,报营销公司本部评审,经集团领导审批后执行。其编写要点如下图所示。

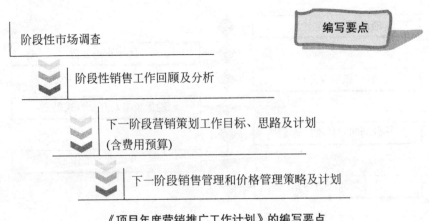

《项目年度营销推广工作计划》的编写要点

2.项目价格调整

项目销售阶段的销售管理，主要是指价格策略调整和销售策略调整的管理，在项目处于持续销售期，销售价格管理尤为重要。

（1）项目开盘销售后，项目营销策划负责人应组织项目销售案组及时掌握销售进度、工程进度、销售态势、市场需求和销售前景，及时提出《房价调整建议》。《房价调整建议》经项目负责人确认后，由项目公司编制《房价调整申请报告》，按相关流程报批。

（2）任何一次房价调整，项目营销策划人员都应督促项目销售案组根据调价文件及时制作和校核新的《售价表》，并经项目负责人审批后启用。

（3）项目策划人员根据市场变化、项目销售实际情况或项目销售案组的建议，提出《项目销售策略调整建议》，经项目负责人确认后，报营销公司审核，项目分管执行总经理审定后执行。

策划05：项目尾盘期营销策划

当项目总体销售率超过90%时，即进入尾盘销售期。尾盘销售策略的宗旨是清盘，尽快回笼资金，减少资金占压。《项目尾盘销售计划》经项目公司负责人确认后，报营销公司本部审核，项目分管执行总经理审批。其编制要点如下图所示。

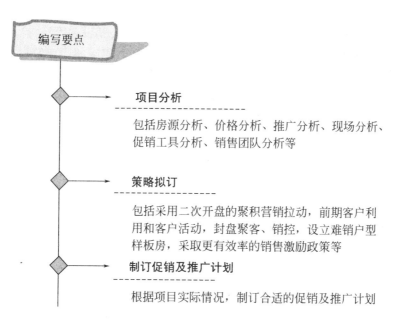

《项目尾盘销售计划》的编制要点

价格调整

尾盘价格由项目营销负责人会同财务管理部制定，经项目公司负责人确认后，报营销公司审核，项目分管执行总经理审批后执行

《项目尾盘销售计划》的编制要点

策划06：项目交付前营销策划

项目交付前营销的工作重点主要有以下几点。

1.编制《产品使用说明书》

《产品使用说明书》的编制要点，主要包括以下几点。

（1）社区整体概况和产品概况。

（2）社区规划说明，包括区位选址、设计思想及特点、社区总平面布局、道路系统规划（包含停车系统的设置）、景观系统等。

（3）社区的建筑设计说明，包含但不限于建筑设计主题思想、建筑设计风格、建筑色彩等。

（4）社区景观说明，包括景观设计思想、静观设计特点、植被种类、景点分布、景观细节等。

（5）社区配套说明，包括会所设置、周边配套、公共设置等。

（6）交付产品说明，包括户型设计特点、户型面积区间，建筑材质及细部处理（包括室外装饰材料及细部处理、室内装饰材料及细部处理、公共区域装饰材料及细部处理、设备用房装饰材料及细部处理等）。

（7）建筑指标说明，包括住宅类型、结构体系、标准层建筑层高、楼面荷载设计值、抗震烈度等。

（8）设施设备说明，包括给排水系统、管道燃气系统、供电系统、智能化系统。

（9）室内装修说明，包括装修风格、公共空间装修用材、户内空间装修用材、家电设备等。

（10）各项设备使用说明。

（11）物业管理说明。

（12）其他说明，可包括合作单位、术语解释及定义等。

2.制作园区标识系统

园区标志系统的要素，具体如下图所示。

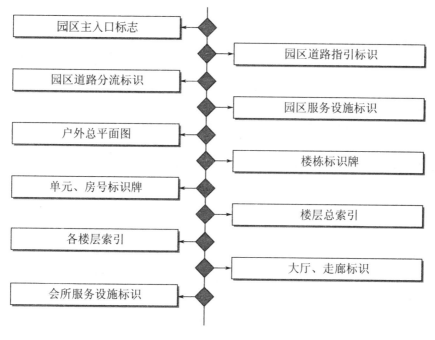

园区标志系统的要素

第二节 项目营销模式

模式01：广告营销

对房地产企业来说，广告营销是指通过广告对其产品进行宣传推广，进而促成消费者的直接购买，并提高房地产企业的知名度、美誉度和影响力的活动。

1.房地产广告的种类

在房地产开发的各个阶段，广告的身影无处不在，市中心、广场、公交车、报纸、电视、广播、网络等，凡是有人群的地方，皆活跃着房地产广告。房地产广告的种类如下图所示。

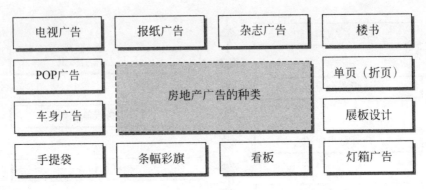

房地产广告的种类

2.房地产广告的基调

房地产广告的基调,指与客户定位、产品定位和竞争定位相符的,带有所处地域的时尚特征,融合广告策划的创意风格,并且贯穿于房地产广告设计的总体方针。房地产广告的基调如下图所示。

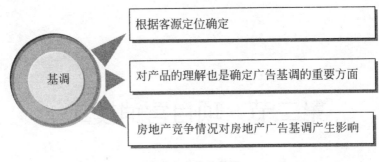

房地产广告的基调

3.房地产广告的诉求策略

房地产广告语便是整个楼盘的主体诉求,经典的广告语不但诉求精准,像民谚俗语一样脍炙人口,同时也能让整个楼盘声誉鹊起。

比如,广州碧桂园项目,一句"给你一个五星级的家"令碧桂园名声大噪,至今仍深为人所称道。

任何一句经典楼盘广告语的出炉无不是千锤百炼、精益求精之后的结晶。优秀的广告语诉求也应该含有下图所示的四个要点。

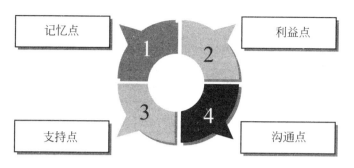

广告语诉求包含的要点

> **小提示**
>
> 广告语是整体营销策略的核心支撑点,其他的营销手段或市场推广都是围绕此进行的。

4.房地产广告的媒体投放策略

房地产广告对媒体的利用率比较高,为了更好地提高媒体的效率,使有限的广告经费获得最大的经济效益,应该对不同类型的媒体在综合比较的基础上,加以合理的筛选、组合,以期取长补短、以优补拙。就媒体整合而言,包括下图所示的两部分。

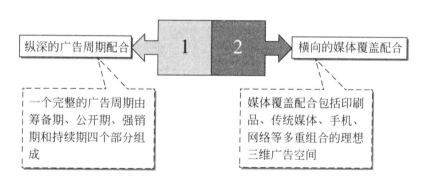

房地产广告的媒体投放策略

5.房地产广告营销策略的运用

随着销售进度和市场环境的变化,广告的主题要有所变化,因时制宜,因地制宜,发挥广告时态变换的优势,有针对性地影响客户群体。其策略的运用如下图所示。

- **欲遮还休**

  在销售前期，房地产公司采取阻挡的措施，用围墙将工地围起来，遮住楼盘，一方面修建豪华的售房部，向顾客预告商品房即将推出；另一方面阻止顾客进入，暂不进行销售，不告知价格，使消费者产生悬念感

- **制造新闻事件**

  这一策略主要是在销售前期，通过媒体发布一些对开发商有正面影响的新闻事件，宣传开发商品牌形象

- **锁定目标客户，抢占先机**

  要由前期的市场调查研究和分析，把握住目标消费者，制定有针对性的策略来"擒"住这部分消费者

- **广告要促进销售，区域性明显**

  房地产广告对注意力负责，对人们的兴趣负责，要能吸引有效的人流，增加看房人气，要把握消费品的语言，遵循其特点

- **广告必须及时有效**

  房地产广告必须立竿见影，直达目标，在制定广告策略时，及时性是最应关注的。从长期的发展眼光来看，也要注意品牌的塑造和维护

房地产广告营销策略的运用

模式02：品牌营销

品牌竞争已成为房地产企业占领市场和提高利润率的重要手段。相应的房地产企业的营销手段也从单一的价格营销、广告营销等传统的方式转变到实施品牌营销的综合营销阶段。

1.品牌营销模式

房地产品牌营销主要有下图所示的三种模式。

创新竞争营销模式

完全以满足市场需求空白或以未来消费趋势为定位，塑造创新型的、引导时代精神的市场领导性品牌

差别竞争营销模式

适应于买方市场条件，在商业地产项目的功能与效用、生活方式、情感类型及价值符合等方面实施市场细分及定位，塑造个性化的、顺应时代精神的品牌

价格竞争营销模式

努力提高房地产项目的性能价格比，以获取较大市场份额及影响力，塑造良好的、具有较强竞争力的品牌

品牌营销模式

2.品牌营销的重点

房地产品牌营销的重点如下图所示。

重点

准确的市场定位与项目形象定位

整合互动的营销策略

创新的公关策略

适时运用文化推广与促销活动

品牌营销的重点

3.品牌营销的要点

房地产企业品牌营销的要点如下图所示。

品牌定位

品牌定位是为了让消费者清晰地识别并记住品牌的特征及品牌的核心价值，在房地产项目开发、广告设计等方面都要围绕房地产项目的品牌定位去做

战略规划

房地产企业要通过品牌策划和战略规划来提升品牌形象，提高消费者对该企业的认知度和忠诚度，树立企业良好的品牌形象，从房地产项目的开发到营销，都要围绕这一主题

大力宣传

对房地产企业来说，要通过宣传，在短时间内让消费者认同其品牌。在宣传过程中要突出品牌的定位和核心价值，找准开发的房地产项目与消费者之间的情感交汇点，让消费者在极短的时间内对其产生认知感

品牌营销的要点

模式03：假日营销

房地产假日营销要研究消费者节假日的消费心理、消费方式及消费趋势，将假日意识贯穿于整个营销过程的各个环节，以最好地满足消费者节假日需求为手段，充分把握好节假日商机。

房地产企业要做好节假日营销，需要把握好下图所示的关键点。

假日营销的关键点

1. 计划

制订完善的促销计划，做起事来才不会盲目。对于房地产企业来说，一份科学合理的促销计划，不但能够很好地指导促销活动的顺利开展，而且还能收到良好的经济效益。具体作用如下图所示。

制订完善促销计划的作用

2. 宣传

宣传是促销工作的前奏，正所谓"兵马未动，粮草先行"。对于房地产企业来说，在促销活动开展之前，富有成效的宣传可以引起消费者的重视，可以刺激消费者参加促销活动的欲望，进而实现促销成功。

3. 商品

房地产企业在开展促销活动时，一定要科学谋划，统筹安排，否则，就会出现"出力不讨好"的事情。

4. 诚信

诚信是实现促销活动成功的关键和保障。促销活动中，房地产企业必须履行承诺，"说到做到，不放空炮"，承诺消费者的事情一定要给予兑现，不能"嘴上一套，做上一套"，否则，不仅会直接影响到促销活动的效果，重要的是会影响日后的经营和发展。

5. 服务

做好促销服务非常重要。促销期间，人员多，事情多，稍有不慎就可能在服务方面出现问题，进而造成客人流失，使得促销活动出现不良状况。因此，在促销活动中，房地产企业经营者必须巧谋划、巧安排，既要保证促销活动的顺利开展，又要服务好客人，保证每一位参与促销活动的客人都高兴而来、满意而归。

6.安全

促销活动期间的安全工作，是每一家房地产企业都必须重视的，千万不能有丝毫马虎。

模式04：展会营销

展会营销的主要目的是项目展示、招商引资、研究探讨、政策导向，通常由政府房地产管理部门主办，具有地区性影响力的媒体机构协办。

1.房展会举办时间

一般地区一年举行一次或两次房地产展销会，在房地产业发达的地区可以一季度甚至一个月举行一次。

比如，深圳春（秋）房地产交易会、北京春（秋）房地产交易会。

2.房展会举办主体

房地产展销会可以在短时间内聚集更多的潜在购买者，是销售楼盘的好时机。房展会可以分为自办型和参展型两种，具体如下图所示。

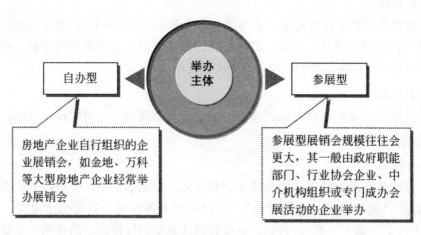

房展会举办主体

3.展厅布置

房地产开发企业自办展会的展厅布置工作重点如下所示。

（1）入口　应安排礼仪小姐在展厅入口发放"楼书"，招呼客户入场参观，收集客户的个人资料。

（2）展示馆　展示馆要悬挂描述楼盘项目的精美效果图，可适当介绍房地产企业，展示雄厚的实力以取得信任，布置大屏幕电视录像，介绍楼盘的详细情况，包括周围的环境、交通、楼房细部等。陈列楼盘的总体规划和典型的模型，置业顾问要配合客户向其介绍整个楼盘的情况，回答客户提出的问题。

（3）样板房　根据项目的市场定位，对典型的房型进行室内装饰布置，使用简牌说明哪些装修、装饰材料是附送的，使用的牌子、规格，力求使客户感到房屋的舒适。

通过专业人士的装修设计，布置家居，以掩盖房间布局的缺陷。置业顾问可重点向客人介绍房间的舒适度，布局的合理性、实用性。

（4）售楼部　展示已售出楼盘的情况，置业顾问主要同客户谈论如何选择其能够承担的户型、付款方式、按揭手续、税费以及有关法律手续等问题。

（5）展厅大小　并不是越大的展厅越好，展厅大小的选择主要考虑房地产企业的经济能力以及能否有利于制造热烈的销售气氛。

模式05：网络营销

房地产企业网络营销，是指房地产企业利用互联网（包括移动互联网）所进行的营销活动的总称。

1. 网站营销

房地产企业网站的页面内容具有理性诉求的特点，需要详细描述产品特性及与其他房地产企业项目的差异，以吸引客户购买。网站营销的渠道如下图所示。

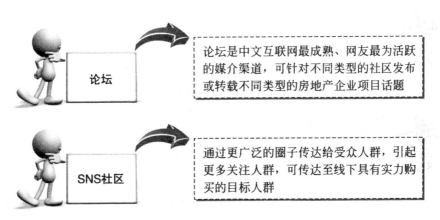

网站营销的渠道

网站营销的渠道

2.QQ营销

QQ营销就是通过QQ达成房地产企业营销的目的。QQ营销的策略如下图所示。

注册QQ账号

头像最好使用房地产企业LOGO或者招牌,昵称自然是房地产企业名称,清晰简约,也方便客户搜索。个性签名就可以适当地做些广告,比如最近的优惠、折扣、活动等,这样就增加了客户的主动咨询

利用QQ空间

房地产企业可以利用QQ空间达到营销的目的,比如可以通过个性化主页设计来展现开发的项目,在"说说"上发布近期活动、优惠折扣甚至节日祝福等内容

QQ营销的策略

群发QQ邮件

房地产企业可以通过QQ邮箱发送活动通知、近期优惠或者逢年过节的问候语等，这样就可以增加房地产企业的美誉度以及客户的忠诚度

群消息

房地产企业可以向客户批量发送消息，帮助房地产企业推广产品、服务，及时把活动、咨询传递给客户。不过要注意，不能太频繁

群发客户调查

房地产企业可以向选中客户群发客户调查问题，使房地产企业快速地掌握客户对产品、服务的满意度

QQ营销的策略

3.微信营销

微信营销是指商家通过微信公众平台，结合转介率微信会员管理系统展示商家微官网、微会员、微推送、微支付、微活动，形成一种主流的线上线下微信互动营销方式。具体模式如下图所示。

"草根"广告式——查看附近的人

营销人员在人流最旺盛的地方后台24小时运行微信，如果"查看附近的人"使用者足够多，这个广告效果也会随着微信用户数量的上升而增加，这个简单的签名栏也许会变成移动的"黄金广告位"

社交分享式——朋友圈

"朋友圈"为分享式的口碑营销提供了最好的渠道。微信用户可以将手机应用、计算机客户端、网站中的精彩内容快速分享到朋友圈中，并支持网页链接方式打开

O2O折扣式——扫一扫

移动应用中加入二维码扫描这种O2O方式早已普及开来，坐拥上亿用户且活跃度足够高的微信，价值不言而喻

互动营销式——微信公众平台

通过发布公众号二维码，让微信用户随手订阅公众平台账号，然后通过用户分组和地域控制，平台方可以实现精准地推送消息，直指目标用户。然后借助个人关注页和朋友圈，实现品牌的"病毒式"传播

微信营销的模式

模式06：O2O营销

O2O即Online To Offline（在线离线/线上到线下），其概念源于美国，是指将线下的商务机会与互联网结合，让互联网成为线下交易的平台。房地产企业的O2O就是把O2O的营销模式运用到房地产企业中。

1. 房地产企业O2O模式的关键

房地产企业O2O模式的关键是：在网上寻找客户，然后引导客户线下看房，最终达成交易。它是为房地产企业创造客流量，实现线上了解并对比房源信息，线下享受服务及看房。这种模式更偏向于线下，更利于消费者，因为消费者是在线下享受服务，所以它让消费者在消费中更能感到踏实。

2. 房地产企业O2O营销模式

房地产电商模式是发展较早、模式相对成熟的房地产O2O营销。目前房地产电商已经从单一的团购券模式延伸出多种模式，如下图所示。

● **电商+优惠券模式**

团购优惠券模式是房地产电商中最基本、最普及的模式，也是起步最早的模式。主流的房产网站，如新浪、搜狐、网易等都有所涉及

● **电商+看房专车**

在传统电商的基础上，为加强服务，看房专车的服务随之发展起来，目前很多房地产相关平台都与专车合作，如乐居和滴滴合作、搜房和神舟专车合作等

● **电商+经纪人**

随着传统电商的不断发展，其形式开始有了更多的延伸，与二手经纪人的结合便成了进一步提高两者效能的有效方式。这种方式既是一二手联动，也是贯通线上和线下，以打通更多的渠道

● **APP模式**

这种模式是通过线上优惠释放及线下大型活动，将大量人流导入案场。以APP形式与房地产营销嫁接，给购房者发放福利，以小利为开发商房产换取销售上的大利

房地产企业O2O营销模式

模式07：众筹营销

随着"众筹"概念大热，开发商也纷纷试水，房地产众筹逐渐进入人们视野。众筹营销主要有下图所示的六种模式。

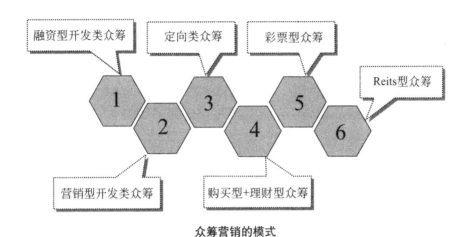

众筹营销的模式

1.融资型开发类众筹

融资型开发类众筹通常适用于区域房价上涨预期与资金成本不匹配，项目利润不足以覆盖银行、信托等传统融资方式的资金成本的情况。通过在项目拿地后、建设前进行众筹，为项目建设阶段提供低成本资金，达到降低项目负债率的目的，同时也利于提前锁定一批购房意向人群。已有代表是平安好房众筹建房模式。

融资型开发类众筹的特点如下图所示。

融资型开发类众筹的特点

2.营销型开发类众筹

营销型开发类众筹一般在项目建设期进行，虽然众筹期处于项目预售前，募集金额也用于项目建设，但相对于整个项目建设成本及后期价值，营销型开发类众筹的募集资金额度通常不算太高。

比如，当代北辰COCO MOMA项目两期众筹资金额度共计仅为2450万元，对融资环节的支持作用不明显。

但由于众筹发起时间在建设期，有利于项目的前期宣传，并能为项目提前锁定一批有购房意向的客户。因此，营销型开发类众筹的营销推广意义大于融资意义。

3.定向类众筹

定向类众筹通常是在立项或者拿地之前进行的，为减少拿地及后期销售的不确定性，开发商对合作单位一般有较为苛刻的筛选条件，要求合作单位须对定向拿地具有一定影响力，并且一定数量的员工有购房需求。

定向类众筹的特点如下图所示。

一般以较大的房价折扣作为投资者的收益保障，但要求投资者需在拿地前支付全部购房款，开发商在这个过程中仅获得管理收益

优势在于在拿地前便完成认筹且众筹资金额度大，大幅降低了开发商在开发建设过程中自有资金的投入量

定向类众筹的特点

> **小提示**
>
> 由于政策、合作单位选择等风险，现阶段除众美集团外，少有开发商使用。

4.购买型+理财型众筹

对短期去化较为困难、房价有上升预期的现房或者准现房产品，可采用"购买型+理财型众筹"的模式。通过拿出部分房源作为标的，以低于市场的销售价格及"基本理财收益+高额浮动收益"吸引客户，设定固定期限，由投资者共同享有标的物产权。在退出时，投资者享有优惠购房权或将标的物销售后退出，获得增值收益；开发商则牺牲部分利润获取大量现金流，提升项目知名度。

购买型+理财型众筹的特点如下图所示。

 参与门槛较高,基本在10万元以上

 开发商一般会承诺参与者"基本收益率(3%~5%)+购房优惠价格"的收益模式

众筹期间基本上均会设置一定时间的锁定期,锁定期内参与者不得申请退出

购买型+理财型众筹的特点

5. 彩票型众筹

彩票型众筹实际多属于以蓄客为目的、在项目获得预售证后进行的营销活动,并且通过投资者竞价的方式,探寻市场对项目定价的接受程度。彩票型众筹的特点如下图所示。

彩票型众筹的特点

6. Reits 型众筹

Reits 全称叫房地产信托基金,它是把流动性较低、非证券化形态的房地产投资,直接转化为资本市场上的证券资产的金融交易过程。

对于有稳定收益但总价高或不可分割的产品,在拿地后可选择 Reits 型众筹,通过多人持有一个物业产品,降低单个投资者的投资额度,达到促进销售去化、改善项目现金流的目的。

Reits型众筹的特点如下图所示。

在众筹成功后，所有投资者将组建成立资产管理公司，由资产管理公司整体购买物业，并委托物业管理公司等进行管理运营

投资者通过金融产品持有物业相应权益，获得租金收益以及持有期内的物业增值价值

开发商以较高的销售价格获得现金，同时收取长期的资产管理费用

该模式一般会设置若干年的封闭期，封闭期后，项目发起方将按需要定期召开投资者会议，协商解决问题

通常门槛较高，持有期较长，一般来说要2年以上

Reits型众筹的特点

第三节 项目阶段销售

任何一个楼盘项目，都分为预热期、开盘期、强销期、持续期以及尾盘期五个阶段。作为销售总监，在楼盘销售的每个阶段中，都要做好宣传推广、销售策划、方案调整等工作，力争提高楼盘的销量，完成企业的销售目标。

阶段01：预热阶段

房地产市场的发展越来越理性，置业者在购房时都会反复比较和挑选，寻求性价比最高的物业，多注重眼见为实；对比于现楼，置业者对楼花的信心相对不足，因此，入市的时机一方面取决于当时市场的竞争状况，更重要地取决于入市时的工程形象和展示是否到位。这个过程就是房地产销售的预热期。

1.项目预热的作用

一般来说，项目在正式进入市场前都要有一个预热及提前亮相的阶段，这个预热阶段有下图所示的四种作用。

不具备销售条件,但需要提前发布将要销售的信息以及吸引客户等待

 面对市场竞争激烈,提前预销,可分流竞争对手的部分客户

 为了在开盘时能达到开门红,先行在市场中建立一定知名度和客户基础

 对目标客户及市场进行测试,为正式开盘时的销售策略提供准确依据

项目预热的作用

2.预热期的推广策略

这个阶段的推广策略主要是整个项目的形象推广,不需要涉及具体的情况,主要是让目标客户知道整个项目的主体概念和倡导的生活方式等。这是整个楼盘的档次、定位的最重要的阶段。这个阶段的工作如下图所示。

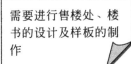

预热期的工作内容

此阶段的推广工作是各阶段中相当重要的。这个阶段广告公司的工作显得特别重要,其不是简单地将开发商和代理商所创意的主题通过平面方式表现出来,更重要的是如何让消费者能够接受项目的主体。

阶段02:开盘阶段

开盘是对项目前期市场定位和营销推广的集中检验,是房地产企业调节供需关系的有效手段。一个房地产项目在开盘前期做的所有准备工作,都会在开盘当天得到检验。

1.项目成功开盘的条件

项目成功开盘有赖于企业对市场的准确判断和把握、项目价值传递的效果、

有效的客户积累、合法的销售许可等多方面的准备工作,而下图所示的三大基础条件尤为重要。

取得政府销售许可文件

房地产开发商在房地产市场上销售商品房,必须具备一定的条件,并且按照有关的规定在房地产管理部门办理商品房销售的各种手续

良好的前期推广

开盘前期的营销推广,是为开盘蓄势,是保证首期开盘成功的重要条件

充分有效的客户储备

针对目标客户进行价值信息的有效传递,实现客户积累,从而采取适当的价格和方式对外集中销售

项目成功开盘的基础条件

2.项目开盘的关键点

项目能否成功开盘,应考虑到以下五个关键点。

开盘目标是指在指开盘当天的成交套数、成交比例。一般来说,项目在开盘强销期的工作目标是实现首个销售目标,迅速回收启动资金

开盘范围是指在项目开盘时,向市场推出的首批可售单位的集合

项目开盘的关键点

项目开盘的关键点

3.开盘把控要点

房地产企业在开盘时需要把控的要点，具体如下图所示。

- **工作分配要充分**

  在开盘前要做好人员的详细分工，保障每个人员在开盘现场能够各司其职，最好在开盘前安排一次彩排，以防在开盘现场出现混乱局面

- **物品要准备齐全**

  一个楼盘开盘，需要购置、准备大量的物品，要按各个环节列出物品、设备清单，然后安排人员购置与准备

- **相关部门人员协调**

  要安排专人负责现场的协调与调度工作；一是协调各人员之间、各部门之间的关系；二是防止出现不测及处理突发性事件

开盘把控要点

● 做好危机防范

开盘，每个房地产企业都很难保证现场一定会很热闹，因此要制定危机防范措施，尤其是冷场防范措施，以防止或者快速妥善地处理出现的危机

● 形成组合效应

开盘的策划方案要系统化、组合化，避免单调，要将各种活动有机地衔接在一起，各个子系统既相互独立，又融会贯通

开盘把控要点

阶段03：强销阶段

直白地说，强销阶段就是指楼盘刚推出，房源充足，正在热推的时期。一般这个时期的购房者都比较多。

1.强销阶段的销售策略

在楼盘销售的强销阶段，销售总监应大力策划各种销售策略，以进一步提高楼盘的销量，具体策略如下。

（1）调整销控放量　销控，即保留房源。一般的项目都会有一定比例的房源，留到项目销售后期。在楼盘营销的整个过程中，应该始终保持有良好的房源，可分时间段，根据市场变化，按一定比例面市，这样可以有效地控制房源，而且当后期的好房源面市时，正处于价格的上升期，还可以取得比较好的经济效益。

（2）调整价格策略　在产品的营销过程中，基于市场情况的变化以及企业自身目标的调整，需要对后续推出的房源价格进行适时地调整。这种调整分为下图所示的两类。

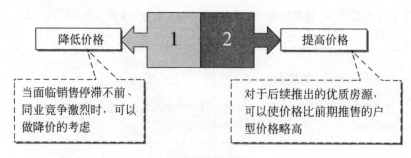

价格调整的类型

2.强销阶段的促销策略

在强销阶段，为配合销售达到顶峰，或在相对低落的时候创造又一个销售高潮，房地产企业就要制定各种促销方案。具体如下图所示。

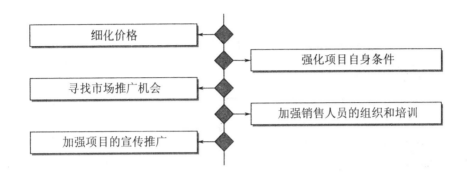

强销期的促销策略

（1）细化价格　强销期间，对于项目销售价格和促销策略应做相应的调整，价格的制定要更细化到位置、楼层、结构上。促销原则保持在开盘基准价三个百分点的上升空间或三个百分点的下降空间范围内。

（2）强化项目自身条件　强销期间，除了外围市场的巩固和开拓之外，还须强化项目自身。

比如，银行按揭贷款应尽快办理，《商品房测绘报告》必须要求在项目取得《商品房预售许可证》之前完成。

（3）寻找市场推广机会　强销期间，要因地制宜地寻求最恰当的市场推广机会，适时地与中国传统的民风、民俗节庆日相互连接推出项目。在宣传推广的跟进上要充分地利用一对一促销来加强推广的实效。

（4）加强销售人员的组织和培训　强销期间，销售总监应每月制订当月的销售培训计划，有效地组织和安排培训工作，加强项目的相关培训。

（5）加强项目的宣传推广　这个阶段的宣传推广主要是预热期的形象推广与实际楼盘的品质相结合，来进一步深化项目主题，并让消费者切身感受到宣传是实实在在的。

比如，对于居住环境的宣传可结合园林的规划设计，生活空间的畅想可结合户型，生活的方便快捷可结合社区内外的配套等不同的方式进行。

这个阶段的推广主要是以广告推广和活动推广为主，广告推广主要是积聚大量的人气，而活动推广可以丰富项目的主题，获得目标客户的认同感。

3.强销阶段的注意事项

强销阶段一般为项目正式进入市场开始销售,在此阶段项目会投入大量的广告、推广费用,一般还配合有开盘仪式以及其他各种促销活动等。相应此阶段的销售数量及能力需求也较高。强销阶段需注意下图所示的问题。

顺应销售势头,保持较充足的房源供应量,否则有可能造成客户资源的浪费,如需要保留房号,数量不宜超过总量的15%

此阶段现场热销气氛非常重要,因此应加强促销,不要轻易停止,可根据实际情况变换不同方式,以保持热销场面

价格调整一定不能一次太多,一般每次不应超过1%,但在客户可接受的前提下,可采用"小步慢跑式"(即提价可多次,但每次较少)

此阶段为项目的最关键阶段,如在市场中成功建立入市形象及市场认同感,则为持续期奠定了较好基础

强销阶段的注意事项

阶段04:持续阶段

当项目通过大规模广告及促销后,逐渐进入平稳的销售期,此阶段即为持续销售期。开盘后的剩余单位或是另推单位,就属于持续期的销售范围。

1.持续阶段的推广策略

项目进入成熟阶段,销量已经趋于平稳,成交量比较平均,客户消费行为明显理性化。而且由于持续阶段的项目销售总量剩余20%左右,大多数较好户型及位置的单位基本上都在前期销售一空。在这个阶段,房地产企业就应当结合剩余产品户型、位置和市场的实际情况制定新一轮的推广方案。这个阶段的推广策略如下图所示。

持续阶段的推广策略

（1）加强宣传推广的力量　在持续销售阶段，由于该阶段时间较长，销售相对较为困难，对整个项目是否能够实现成功销售尤为关键，因此在这个阶段除了平面广告以外，还要有大量的促销活动来支持。

在这个阶段，广告宣传需要根据前一阶段的销售总结，针对已成交客户某些需求特征来变化推广主题，以此吸引客户。

> **小提示**
>
> 活动推广主要是为了在较长的持续销售中保持人气，并吸引前一阶段的准客户成交。

（2）调整产品推广方案　房地产企业在此阶段应多留意销售现场客户动向，在保证热销产品依然畅销的基础上，针对滞销产品及滞销原因做透彻分析，与策划部门沟通，针对项目销售情况及客户特点，对之前的产品推广方案进行调整与修正。

2.持续阶段的促销策略

在持续销售阶段，由于该阶段时间较长，销售相对较为困难，对整个项目是否能够实现成功销售尤为关键，因此在这个阶段除了进行宣传推广以外，还要有大量的促销方案和活动来支持。持续阶段的促销策略如下图所示。

巩固强销期成果

持续阶段一般无需投入太多广告和促销活动，主要以针对那些了解项目较晚的客户，或是在前期销售阶段未买到合适户型的客户为主，需对这部分进行跟踪，以达到成交的目的

调整价格

作为向尾盘过渡的时期，产品在户型方位的优势已不能和前期相提并论，因此在促销上可以优惠价出售，已贴近成本的让利作为底线支撑

持续阶段的促销策略

以老客户带动新客户

通过老客户的口碑带动新客户的购买行为，给老客户以奖励，如减免物业费，赠送购物卡等优惠

满足不同客户需求

尽量满足不同类型客户的购房需求，例如价格打折、改造门窗和非承重的隔断墙

持续阶段的促销策略

3.持续阶段的销售策略

房地产企业在此阶段应总结前期销售状况，与策划部门针对竞争楼盘制定有效的销售策略，针对第一批推出单位的阻力产品进行策略调整，吸引更多客户上门。持续阶段的销售策略如下图所示。

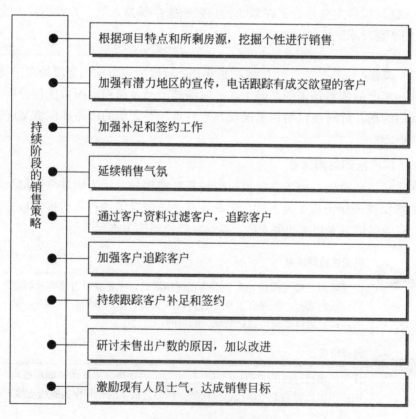

持续阶段的销售策略

阶段05：尾盘阶段

尾盘由来已久，它是房地产发展过程中的必然存在。随着房地产业的日趋成熟、市场竞争的不断加剧、可供选择的楼盘资源增多以及置业者的置业态度渐趋理智等，尾盘因而产生且越积越多。

1.尾盘阶段的宣传策略

尾盘之所以之前没有引起关注，主要是信息渠道不够通畅。作为企业销售团队的带领人，销售总监应该抓住尾盘的特点进行宣传。其宣传策略如下图所示。

尾盘相对于新盘来说，很多已经是现房或者准现房，工程基本结项，应该抓住现场的实景来进行宣传。比如拍一些现场实景照，带客户到现场去看房等

根据尾盘不同的房源特点，制定出合理的尾房价格标准

建立权威的尾房信息网，进行尾盘的"透明售房"，比如公布每套尾盘户型、价格等方面的具体信息，让购房者真正知晓尾盘的特点

尾盘阶段的宣传策略

2.尾盘阶段的促销手段

一般来说，任何一个项目在尾盘阶段都会采取不同的促销手段，以刺激消费者的购买欲望。常用的促销手段如下图所示。

推出"特价房"

如果剩余的房源有几十套甚至上百套，为最大限度地获得更多的利润，从中一次性拿出十套左右的房子，以很低的价格推出"特价房"

客户关系营销

就是鼓励"老客户带新客户"，用老客户做口碑载体，让其介绍更多的客户，此方式大大节省了开发商的广告费支出，是一种成本小、收益大的营销手段

尾盘阶段的促销手段

3.尾盘阶段的销售策略

项目进入尾盘,尾盘销售速度明显减缓,项目入伙临近,销售问题尤其突出,这就需要销售总监制定出切实可行的销售策略,以达成最终的销售目标。具体如下图所示。

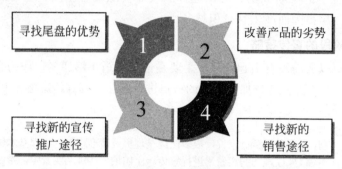

尾盘阶段的销售策略

(1)寻找尾盘的优势 尾盘期时,销售要在项目的优势上做文章,转化项目的优势为销售力。虽然,项目存在着各种自身条件的不足,但是尾盘却具有下图所示的两大特点。

一是绝对的现楼。买家可以直接看到现房,实地品评房屋质量、社区环境、生活配套是否便利等,不必存在像期房那样的担忧

二是在物业管理设施及各方面的磨合上可以省时省力。经过前期的入住,实际生活中的物业管理问题、开发商与配套部门之间是否具有良好的合作关系、楼房质量等问题都可以提早知道

尾盘的特点

(2)改善产品的劣势 针对项目的户型、采光等不足,做出一定的修改,如将过大的户型改成适中的中、小户型;通过一定的措施,解决产品的采光方面的不足。

另外,转变消费者对楼盘尾盘是烂尾楼的看法,加强正确信息的传播和改善信息传播渠道。

(3)寻找新的宣传推广途径 项目尾盘时的产品数量,决定了项目的推广费用不会太高,由此,宣传推广上,就会受到很多制约。可以采用下图所示的宣传推广途径。

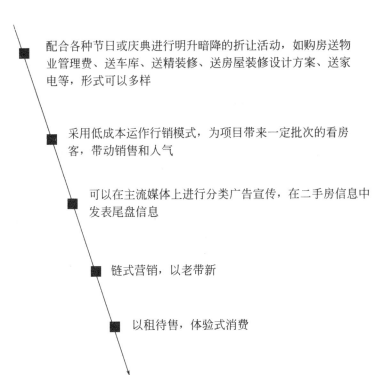

尾盘的宣传推广途径

（4）寻找新的销售途径 一般的楼盘销售主要是靠项目的营销中心或售楼部售出的，但是，尾盘期的房量不多，而项目的销售也基本步入销售疲软期，看房的客户的数量相对较少，所以，必须寻找新的销售途径。

比如，处于尾盘期的项目可以直接与二手房中介合作销售尾盘，即直接使项目尾盘进入"尾盘超市"，进行委托销售。

第四节 案场销售流程

对于房地产企业来说，应制定一套完善的案场销售流程，通过统一的销售流程让客户体验到企业品牌的一致服务，让客户在购买过程中体验到企业的优质服务，进而为赢得客户并构建良好的客户关系建立良好的基础。

流程01：客户接待流程

一般来说，到案场来的客户，都会是潜在目标客户。因此，做好案场接待工作,给客户一个良好的现场体验,有助于达成交易。

案场接待管理的流程如下图所示。

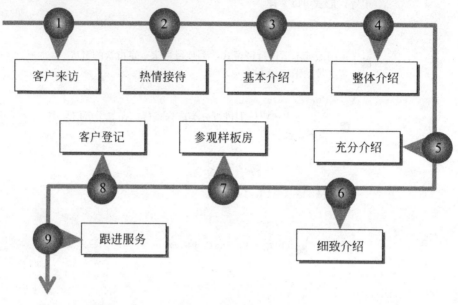

案场接待管理的流程

1.客户来访

当有客户来访时,按下图所示的流程操作。

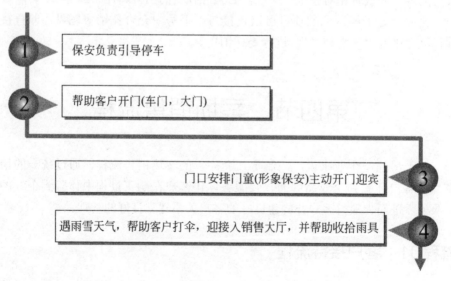

客户来访操作流程

2.热情接待

客户到达案场后,销售人员应热情接待,可按下图所示的流程操作。

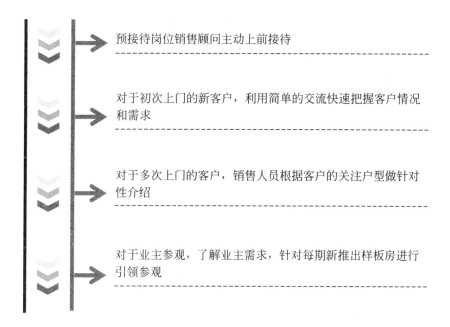

热情接待的操作流程

3.基本介绍

了解客户的需求后,对项目总体规划进行基本介绍,介绍内容如下图所示。

 请客户到视听宣传区域看一段项目周边配套及交通情况的短片,对销售项目进行简单介绍

 对项目总体规划进行介绍

 对客户进行风险提示和相关法律文件的简要介绍

基本介绍的内容

4.整体介绍

介绍完项目的整体规划后,需对客户需求产品进行整体介绍,包括下图所示的内容。

对客户的需求进行询问,并有针对性地介绍商铺或住宅的主要布局特点

结合销售资料,对客户需求产品进行详细介绍,包括产品的位置、设计规划、定位、大致的推出时间等

尽可能详细了解客户的关注及认可方面的情况

整体介绍包含的内容

5. 充分介绍

对项目区域位置以及周边配套进行充分介绍,包括下图所示的内容。

尽可能对客户关心的区域位置和周边配套的情况作出详细解释(需要为销售人员准备一份介绍词)

切忌传递给客户错误、虚假或者未经证实的信息

对于住在附近或者对该地区比较了解的客户无需详细解释

充分介绍包含的内容

6. 细致介绍

结合销售资料,细致介绍客户需求的产品信息,包括下图所示的内容。

请客户坐下并倒上茶水

 了解客户的背景，例如居住及工作地点、有没有看过其他物业、喜欢哪种风格、需要的户型面积等

 对该项目的开发风格、对公司的服务理念以及开发过的产品进行详细介绍，加深客户信任度及对产品的期待

 结合项目平面图，针对客户所感兴趣的产品类型进行逐一解说，可以谈到平面布局、主力户型、产品特色、建筑高度、社区配套、交付时间等；详细了解客户对产品的意见、期望、顾虑，以及客户的预估价位

 对客户感兴趣的房子介绍价格，讲解购房流程，解释贷款方式，解答贷款及相关预算(月供)计算

细致介绍包含的内容

7.参观样板房

说得再多，不如到实地一看，如果设置有样板房，可带客户参观样板房及小区。

（1）主动吸引客户到样板房进行参观，根据客户在样板房中所表现的兴趣点，及时掌握客户的需求信息，并作详细介绍。

（2）带客户到成熟园区中去体会小区环境。

（3）让客户在亲身体验中，感受项目的风格、物业管理的优越等。

> **小提示**
>
> 样板房讲解员要亲切引导客户参观样板间，简单介绍样板间的风格，各个使用空间的设计卖点，熟悉掌握样板间客厅、阳台、卧室的面宽及进深尺寸。

8.客户登记

回顾项目整体情况,做好客户的接待登记,操作流程如下图所示。

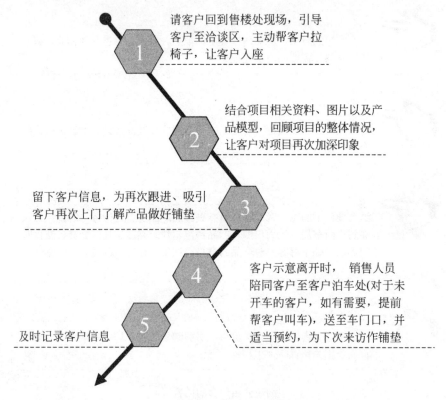

客户登记的操作流程

9.跟进服务

对于来访的客户,销售人员要及时、积极地做好跟进服务。

(1)当天17:00前来访的客户,当天或次日下午回访;17:00后来访的客户次日回访。

(2)可以考虑发送短消息。

比如,××先生/小姐您好,很高兴能为您提供服务。如果对于今天看房过程中还有什么疑问,欢迎您随时来电和来访,××公司期待您的再次光临,并祝工作和生活顺利、愉快。

流程02:议价流程

为了争取客户诚意,快速促成交易,在案场的销售人员可与客户进行议价。

其流程如下图所示。

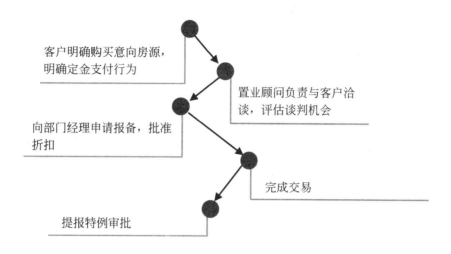

案场销售议价流程

流程03：定房流程

当客户对项目表现出满意，需要定房时，可按如下图所示的流程操作。

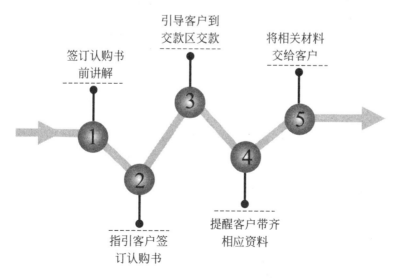

销售案场定房流程

注意：

（1）提醒客户现行商品住宅买卖双方行为要求，做到合理消费。

（2）根据计算的"置业计划"讲解首期款、办证款、维修资金、公证费等交付方式及交付的时间与费用等。

（3）需要明确现房交付时间约定。

（4）根据已备好的认购书，在确认房源已被销控后，为客户讲解认购书条款及提醒签约办理的时间，并指引客户签订。

（5）提醒客户办理签约所需携带的资料：《签约须知》上注明的资料。

（6）将签订好的认购书、收据、签约须知、恒泰尚城定制资料袋（如已设计）装好交给客户。

流程04：签约流程

客户成交后，要根据准备好的合同进行签约。签约流程如下图所示。

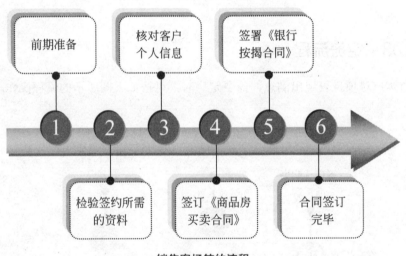

销售案场签约流程

1.前期准备

（1）客户成交后，即时通过短信恭喜客户成为××项目的业主。

（2）签约前一天，电话提醒客户签约时间及需要的资料。

（3）提前一天（至少提前一个小时）准备合同，减少客户的等待时间。

（4）如涉及更名、特殊优惠、换房等，要求在合同签订前完成审批。

2.检验签约所需的资料

（1）热情接待，向客户介绍签约办理流程。

（2）检验《商品房买卖合同》提供的资料：个人身份证、商品房房屋认购书、购房定金款收款收据。

（3）检验《银行按揭合同》需提供的资料，具体如下图所示。

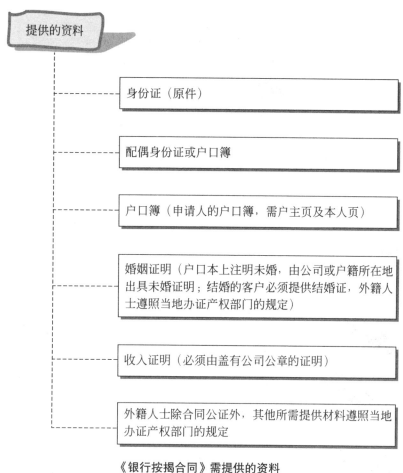

《银行按揭合同》需提供的资料

（4）其他证明：包括首付收据（首付收据原件）；还贷存折（必须是活期存折，一般由按揭银行开办）等。

3.核对客户个人信息

核对客户个人信息可按下图所示的流程操作。

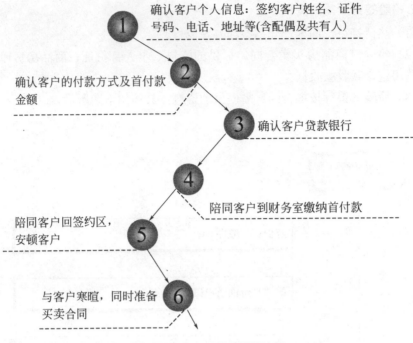

核对客户个人信息的操作流程

4.签订《商品房买卖合同》

签订《商品房买卖合同》的要求如下图所示。

 检查事先准备好的合同中，价位、房源号、付款形式等关键环节是否属实

 检查合同附件是否与业主所购房源相匹配

 客户签约时，做到全程陪同，客户对合同有疑问，积极解答，打消客户的疑虑

 特殊情况下，客户提出需要与法务或律师沟通合同条款时，销售人员原则上建议其自主联系。同时在法务或律师未到场时，积极提供解答。尽量规避客户更改合同条款

签订《商品房买卖合同》的要求

5.签署《银行按揭合同》

如果是按揭客户，就要了解客户的按揭需求，引荐驻场银行客户经理，签署《银行按揭合同》。

（1）根据客户需求及现场安排，引荐驻场银行客户经理。

（2）驻场银行客户经理与客户沟通，确认还款方式、贷款年限、资信情况、资料信息。

6.合同签订完毕

签完约后，每周跟进合同的办理进程，将备案和按揭办理手续的进程以短信形式通知客户。

第五章 房地产项目财务管理

企业管理的核心是财务管理,鉴于行业的特殊性,房地产企业的财务管控尤其重要。任何致力于持续健康、稳健发展的房地产企业,均会把企业的财务管控放在首要位置。

一本书搞懂房地产

阅读指引

房地产行业经营模式具有明显的特殊性，其生产规模比较大，技术构成较高，资产负债率也相当高，财务管理是行业管理工作的重点，对行业发展具有重要的作用。因此，加强房地产行业财务管理，势在必行。

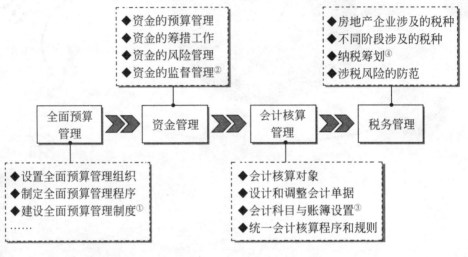

图示说明：

①制定全面预算管理制度，主要包括如下内容：明确责任中心的权责、界定预算目标、编制预算、汇总、复核与审批、预算执行与控制管理、业绩报告及差异分析、预算指标考核。

②房地产企业资金风险主要有使用风险、在途风险和或有风险三种。

③为了对房地产企业的经营活动进行会计核算，必须要设置相应的会计科目，并且要根据设置的会计科目在账簿中开设账户。

④房地产企业的纳税筹划，一方面需要借助其所涉及税种的一般纳税筹划方法；另一方面，也需要利用房地产业税收优惠政策进行具有自身特色的纳税筹划。

第一节　全面预算管理

实施全面预算管理，能有效地建立起管理控制体系，建立起对成本中心、利润中心和投资中心的绩效考核体系，使整个企业的经营管理活动沿着预算管理轨道科学、合理地进行，为企业的发展提供保证。

预算01：设置全面预算管理组织

全面预算管理具有明确的管理组织体系，分为集团和各子公司两个层面。房地产集团的预算管理组织体系通常分为董事会、预算管理委员会、预算管理办公室及责任中心。各子公司作为预算责任中心，其预算组织职能参照集团预算组织设置。

预算02：制定全面预算管理程序

预算管理程序指预算大纲编制、预算编制、预算执行、预算分析、预算调整及预算考核的系统化过程，具体如下图所示。

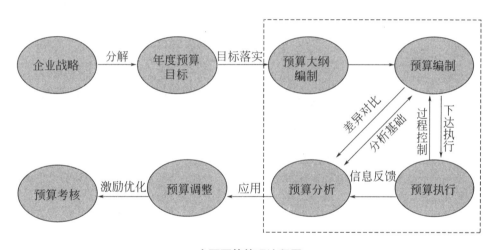

全面预算管理流程图

1. 预算大纲编制

预算大纲编制是预算管理的起点。预算大纲的主要内容包括集团预算目标和预算编制的方法、口径、时间及相关的要求。预算大纲以预算目标为主要内容，预算目标分为集团预算目标与各责任中心预算目标，所编制的预算相应分为集团预算与各责任中心预算。在整个预算体系中，集团预算目标居于最高地位，是各责任预算编制时必须遵循的准则。

2. 预算编制

预算管理委员会将集团预算目标按照预算责任体系逐级分解为各责任中心

的责任目标，各责任中心通过编制预算加以具体化的过程，然后在集团层面将各责任中心的预算进行汇总，形成集团全面预算。

房地产预算主要分三大类，分别为经营预算、投融资预算、财务预算（现金流、利润、资产负债等）。其中经营预算由"收"和"支"双线组成，主要包括：项目成本预算、部门费用预算、经营税费附加、项目销售预算等。下面重点介绍项目成本预算、项目销售预算和部门费用预算的编制。

预算编制说明

序号	预算项目	说明
1	项目成本预算的编制	首先要根据项目占地面积、建筑面积、容积率等指标确定项目目标成本，进而结合成本库和目标成本进行合同的签署，由各专业部门根据项目计划编制项目成本预算及付款计划
2	项目销售预算的编制	首先根据项目产品规划确定销售预算目标，进而对销售目标进行时间维度的分解，形成销售的签约预算。根据项目计划设置销售进度，依据销售策略设置付款方式。销售进度结合定价算出销售额，配以付款方式，测算出销售回款。项目销售预算的编制同样首先要与运营计划进行有效联动，并在过程中进行监控。销售预算与项目计划工作项绑定，一旦计划发生调整，便可以方便地重新测算项目预算及年度预算
3	部门费用预算的编制	与传统行业的部门费用预算编制相同，房地产企业部门费用预算的编制同样要基于项目规模、人力资源配置、历史费用数据等项目资源的配置。与传统行业的不同之处在于增加了项目的维度，如根据编制项目的指标分部门、分项目、分科目测算出费用预算目标，以便后续按照"谁受用、谁分摊"的原则，把项目开发间接费用分摊到项目中去。费用预算目标确定后，需要进行时间维度上的分解，根据公司运营计划，将年度费用预算目标分解到12个月，形成年度费用预算

3.预算执行

预算执行可从合同管控、月度资金计划、月度付款计划三个方面进行。

（1）合同管控　所有项目费项的管理都聚焦于合同进行管控，无论是合同性成本、非合同性成本，在全面预算管理体系内都通过事实性合同和虚拟合同实现对项目所有费项成本的支出控制。

（2）月度资金计划　每个月业务部门和财务部门都在为做月度资金计划而讨价还价，如何得到企业的月度资金计划呢？可以用年度预算来控制。因为年度预算中正好从时间维度上分解出了月度项目付款计划、月度销售回款计划和月度费用支出计划。所以，年度预算是做月度资金计划的参考标杆。当通过自下而上的合并和自上而下的沟通与协商后,就可以把月度的资金计划有效地控制在年度预算中。

(3)月度付款计划　合同的付款该不该审批,主要通过月度付款计划来控制。月度付款计划和年度预算、项目预算是一脉相承的,一般情况下付款计划与项目预算的合同和年度预算资金计划是联动的,所以通过付款计划就可以对每笔付款进行有效控制。

4.预算分析

在进行预算分析之前,需进行预算执行回顾,即将已发生月份的预算与实际执行情况进行对比分析,将预算与实际之间的差异进行调整,之后再进行预算分析。

预算分析主要包括下图所示的内容。

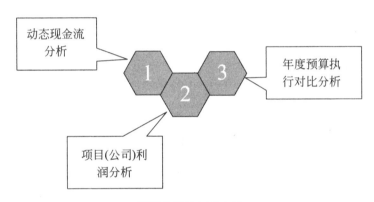

预算分析的主要内容

其中,项目动态现金流的预测一般以月度为周期,通过经营计划与合同的对应,把重要时间点对资金的影响进行合理联动,确保动态资金不会失真。通过对比分析能快速了解企业在预算执行过程中的变化,一旦产生了变化,就可利用业务信息流去指导财务现金流,实现资金计划的快速调整。

5.预算调整

预算调整分为预算内调整和预算外调整。预算内调整包括预算削减和接转。预算外调整主要指预算追加。为了保证预算的严谨性,一旦出现预算外调整,必须启动更加严格的审批流程,比如在预算追加时一定要详细报告追加的原因和对项目整体预算影响预测等,从集团层面进行严格控制。预算是集团年度经营的重要依据,其调整需要满足下图所示条件中的一项或多项。

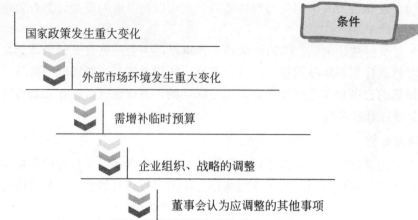

预算调整需满足的条件

6.预算考核

预算考核是预算控制具有激励与约束功能的根本保障。

预算考核的方式采用动态考核和综合考核两种，具体如下图所示。

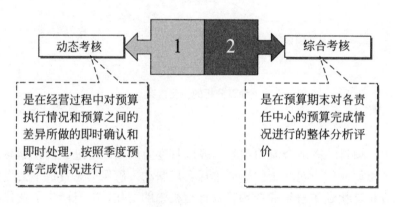

预算考核的方式

动态考核是过程控制的重要手段，综合考核体现预算执行结果，两者相得益彰。无论采取何种方式考核，预算考核均需以业绩完成情况为基础进行。

预算考核的指标分为静态指标和动态指标。静态指标有财务指标和管理指标两类，其中财务指标包括销售额、投资额、利润额、销售利润率和投资利润率；管理指标包括费用额、销售率和费用利润率。

动态指标包括现金净流量增加额和动态投资回收期节约。现金净流量增加额（现金净流量增加额＝预算收入的净增加额＋预算成本费用的净节约额）作为年度绩效考核和项目总评价的指标；动态投资回收期节约（动态投资回收期节约＝项目计划的投资回收期－项目实际投资回收期）作为项目总评价的考评指标。

预算03：建设全面预算管理制度

针对房地产企业预算管理中的难题，应重点抓好预算管理制度建设。制定全面预算管理制度，主要包括下图所示的内容。

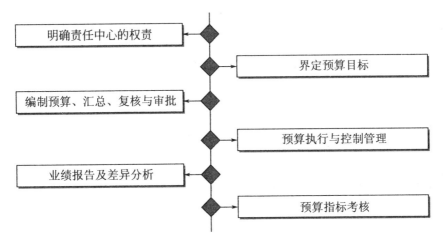

全面预算管理制度包括的内容

依据预算管理的原则、方法、流程和程序编制企业的预算，实施预算管理并依据预算对责任单位和个人进行考核等。

会计核算上根据企业集团管理模式和房地产行业特点，建立一套房地产项目开发成本、费用科目体系，作为预算项目成本、费用依据，指导项目的预算工作，并逐步形成房地产企业自身的成本、费用定额标准。

预算04：房地产企业预算编制过程

预算编制宜采用从房地产企业内部自上而下、自下而上、上下结合的编制方法，整个过程如下图所示。

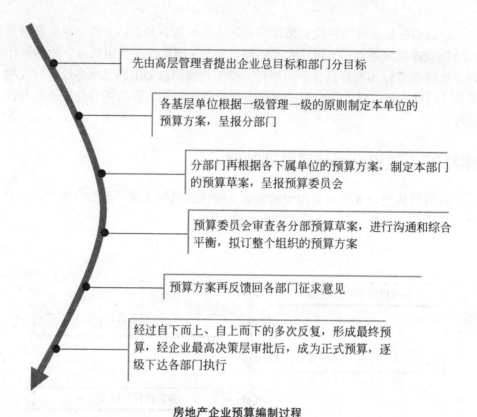

房地产企业预算编制过程

传统的预算侧重的是短期效应,以年度作为预算周期。对房地产项目来说,由于其开发的特殊性(即周期长达2～3年或以上,不确定性因素多,如设计变更、政策变化、进度延缓等),编制预算不仅是对年度财务状况做出的反应,而且是对项目综合情况做出的反应。

预算05:推行全面预算管理的措施

全面预算管理不是简单地对某一件事进行管理,而是一项系统化的管理工程。推行全面预算管理时须抓好下图所示的三个措施。

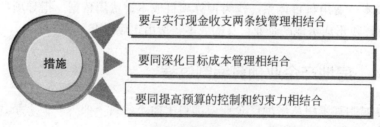

推行全面预算管理的措施

1.要与实行现金收支两条线管理相结合

预算控制以成本控制为基础,以现金流量控制为核心。只有通过控制现金流量才能确保收入项目资金的及时回笼及各项费用的合理支出;只有严格实行现金收支两条线管理,充分发挥企业内部财务结算中心的功能,才能确保资金运用权力的高度集中,形成资金合力,降低财务风险,保证企业生产、建设、投资等资金的合理需求,提高资金使用效率。

2.要同深化目标成本管理相结合

全面预算管理直接涉及企业的中心目标——利润,因此,必须进一步深化目标成本管理,从实际情况出发,找准影响房地产企业经济效益的关键问题,瞄准同行业的先进水平,制定降低成本、扭亏增效的规划、目标和措施,积极依靠全员降成本和技术降成本,加强成本、费用指标的控制,以确保企业利润目标的完成。

3.要同提高预算的控制和约束力相结合

预算管理的本质要求是一切经济活动都围绕企业目标的实现而开展,在预算执行过程中落实经营策略,强化企业管理。因此,必须围绕实现企业预算,提高预算的控制力和约束力。

预算一经确定,在企业内部即具有"法律效力",企业各部门在房地产建设及销售的各项活动中,要严格执行,切实围绕预算开展经济活动。企业的执行机构按照预算的具体要求,按"以月保季,以季保年"的原则,编制季、月滚动预算,并建立每周资金调度会、每月预算执行情况分析会等例会制度。

按照预算方案跟踪实施预算控制管理,重点围绕资金管理和成本管理两大主题,严格执行预算政策,及时反映和监督预算执行情况,适时实施必要的制约手段,把企业管理的方法策略全部融会贯通于执行预算的过程中,最终形成全员和全方位的预算管理局面。

第二节 资金管理

在房地产企业的财务活动中,资金始终是一项值得高度重视的、高流动性的资产,资金管理更是房地产企业财务管理的核心内容。

资金01:资金的预算管理

资金预算是资金管理的基础,是实现资金良性循环的首要环节。有效的资金预算制度能为企业提高资金使用效率、促进有效使用资金打下良好的基础。年初，财务部门应结合企业实际情况编制资金预算计划，它由资金预算收入、资金预算支出两大主体内容构成，其核心内容如下图所示。

资金预算管理的核心内容

通过编制企业年度资金预算计划，能够明确企业年度资金运作的重点，便于公司日常的资金控制，把握资金周转"脉搏"，节约公司融资成本，避免盲目贷款和不合理存款等情况的发生，预算方案实行后要求要严格执行。

资金02：资金的筹措工作

房地产企业在筹措资金时，应对来自金融机构的资金及贷款条件进行综合的分析比较，做出取舍。尽量获取周期长、利率低、条件优厚的贷款，以减少财务风险，提高开发经营的效益。同时房地产开发企业在资金的筹措上，还应做好下图所示的几方面工作。

强化企业的信用管理。信用是房地产开发企业兴衰的标识，信用很好的开发企业，将能获得条件优厚的长期低息贷款，企业将会有源源不断的资金去开发经营更多的房地产项目

资金的筹措要有计划。从事房地产开发不是资金越多越好，应是资金占用适度为好，短缺资金，或资金占用很大，都是不可取的，都有可能造成企业开发效益不佳

应逐步扩大项目的自有资金比例。这样就可以使大部分贷款利息支出变为企业的盈利

资金的筹措工作

相关链接

房地产企业的融资渠道

房地产业是一个资金密集型的产业，投资规模大、周期长等特点使房地产开发、投资需要大量的资金。资金筹措成了房地产企业最关心的问题。而我国房地产企业融资渠道单一，对银行贷款依赖过高，成为资金筹措的瓶颈。因此，房地产企业必须大力使用新的融资工具，拓宽自身的融资渠道，保证企业规模化发展。当前，可供房地产商选择的融资渠道有如下途径。

渠道1：银行贷款

银行贷款属于债务性融资，也是一种间接融资。它是指房地产开发企业以还本付息为条件从外部通过各种商业银行或者其他金融机构融入开发资金的融资行为，是房地产企业资金的主要来源。其贷款形式多样，具体分为：抵押贷款、信用贷款、担保贷款、贴现贷款。

渠道2：房地产信托

从资金信托的角度出发，房地产信托是指受托人(信托投资公司)遵循信托的基本原则，将委托人委托的资金以贷款或入股的方式投向房地产业以获取收益，并将收益支付给受益人的行为；从财产信托的角度出发，房地产信托则指房地产物业的所有人作为委托人将其所有的物业委托给专门的信托机构经营管理，由信托机构将信托收益交付给受益人的行为。

房地产信托相对银行贷款而言，可以降低房地产业整体的融资成本，节约财务费用，有利于房地产资金的持续应用和公司的发展。

渠道3：债券融资

债券融资是指企业通过举债筹措资金，资金供给者作为债权人享有到期收回本息的融资方式。房地产企业债券是由房地产企业发行，表明房地产企业与投资者债权债务关系的一种承诺凭证。只有在相关政府部门对房地产企业的背景、经济效益等内容审查合格后才可以发行债券。

债券融资有利于降低企业的融资成本，也可以分担银行贷款的压力，同时也为房地产企业的融资提供了更多的选择，分散银行和政府的风险。而且，债券资金的使用灵活，不像银行贷款那样，有规定的用途。

渠道4：股权融资

股权融资属于直接融资的一种。股权融资是指资金不通过金融中介机构，借助股票这种载体直接从资金盈余部门流向资金短缺部门，资金供给者作为所有者(股东)享有对企业控制权的融资方式。它具有长期性、不可逆性、无负担性的特点。这种融资方式对于中小投资者来说，是一种较为现实和便捷的融资方式。

渠道5：协议融资

按照我国法律规定和司法实践，企业之间的融资行为是无效的，不受法律保护，但公民与企业之间的借款一般是有效的，当然，借款利率不能超过银行同类贷款利率的四倍。在实践中，房地产企业需要融资的数额是相当大的，公民个人往往不能满足这样的融资需要，而有对外融资放款需要的也一般是一些实力较强的企业。那么，如何在有资金需求的房地产企业和有对外融资能力的企业之间架起桥梁呢？通常来讲，通过银行作为中介，可以采取委托银行贷款的方式，这也是比较常见的一种方式。此外，由于融资双方的情况、需求各不相同，委托贷款的形式不一定能满足每笔交易双方的需求。在此情况下，就需要根据不同的情况设计不同的交易模式，通过一系列的协议安排使得融资事宜得以合法地进行，并使双方的利益得到法律的保障。

渠道6：其他融资渠道

比如，还可以通过融资租赁方式、典当方式、委托贷款方式、信用卡方式（小规模融资，最高不超过1000万元），来解决一时的资金急需；由于有些融资方式目前属于金融创新品种，在具体操作中，可能会有一些与政策相抵触的地方，财务人员应掌握好政策。

总之，随着经济的发展，我国房地产企业融资方式已逐渐现代化，但是房地产企业融资方式的拓展依然是一项艰巨的工程。房地产企业应在充满风险的市场竞争中，根据自身的实际情况，选择适合自己的融资方式。

资金03：资金的风险管理

房地产企业资金风险主要有使用风险、在途风险和或有风险，具体如下。

1.使用风险

资金的使用风险主要表现为企业的投资风险，它是一种事先可控制的风险，因此对此类风险应加强事先控制。

加强对投资项目的可行性调查论证，项目评审做到科学化、专业化，尽量把预计风险发生的概率控制在最低程度。企业在重大投资等问题上要形成有效的决策约束机制，不能个人说了算，资金的流向与控制相连接，要求跟踪管理。

2.在途风险

资金的在途风险一般发生在企业资金结算过程中，所以在结算票据选择上尤为重要。一般企业在同城结算业务中主要以"贷记凭证"和"转账支票"为结算手段,在实际工作中"贷记凭证"是一种更为安全的结算手段。

3. 或有风险

资金的或有风险主要是公司为其他企业提供担保而形成的或有负债,包括贷款担保和业务担保等,对外担保企业要求有完善的审批程序。

资金04：资金的监督管理

企业应定期、不定期地对资金使用情况进行检查,既通过日常的报表了解全面情况,又通过专项检查发现资金预算执行过程中的深层次问题,特别是应收账款、预付账款、其他应收款等往来账目应逐笔实行跟踪管理,应将部门负责人和业务人员的绩效同应收款项的回笼速度及回收金额挂钩,制定相应的奖罚办法,确保钱出去,货进来;货出去,钱进来,把坏账损失降到最低限度。

企业还可以积极开展内部审计,对财务会计信息和经营业绩的真实性与合法性进行审计与监督,前移监督关口,强化事前预防和事中控制,确保资金的安全和完整。

> **小提示**
>
> 房地产企业效益和资金管理是密切相关的,要切实加强上述几个方面资金的管理,做到优化资金结构,拓宽筹资渠道,控制投资风险,盘活沉淀资金,提高资金利用效率,促进提高整个企业经济效益。

第三节　会计核算管理

房地产企业的开发经营行为具有一定的计划性,经营业务的内容以及业务所涉及的往来方面比较广泛,商品开发建设的时间较长,这些经营特性决定了房地产企业内部会计核算工作也不同于其他行业,会计核算在开发成本、收入、应缴税款和利息支出方面都具有相对的特殊性。

核算01：会计核算对象

房地产开发企业会计核算的对象是房地产业从事房地产开发建设、出售等经营过程中的资金运动。这些资金运动具体表现为六大会计要素,具体如下图所示。

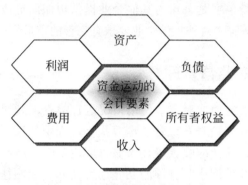

资金运动的会计要素

房地产业的会计核算,就是对上述六大会计要素的增减变动进行监督、核算和反映。

核算02：设计和调整会计单据

目前房地产企业采用的会计单据反映的信息量小,难以提供管理控制所必需的信息,因而需要进行重新设计,将诸如合同管理信息、预算控制信息、授权审批信息等内容包括在单据之中,通过单据及时记录经济业务的重要内容,为管理者提供审批依据和决策支持,也便于利用会计信息系统收集和积累管理信息。

核算03：会计科目与账簿设置

为了对房地产企业的经营活动进行会计核算,必须要设置相应的会计科目,并且要根据设置的会计科目在账簿中开设账户。

1. 会计科目的设置

会计科目是对各大会计要素所做的进一步分类。为了会计核算的需要,将每个会计要素又划分为若干具体项目,每一个项目就是一个会计科目。

房地产开发企业根据《企业会计准则应用指南》的统一规定,并根据房地产企业会计核算的特点,应设置多项会计科目,如下表所示。

房地产开发企业会计科目表

顺序号	编号	科目名称
一、资产类		
1	1001	库存现金
2	1002	银行存款
3	1012	其他货币资金
4	1101	交易性金融资产
5	1121	应收票据
6	1122	应收账款
7	1123	预付账款
8	1131	应收股利
9	1132	应收利息
10	1221	其他应收款
11	1231	坏账准备
12	1401	材料采购
13	1402	在途物资
14	1403	原材料
15	1404	材料成本差异
16	1405	开发产品
17	1406	发出商品
18	1408	委托加工物资
19	1411	周转材料
20		周转房
21	1461	融资租入资产
22	1471	存货跌价准备
23	1501	持有至到期投资
24	1502	持有至到期投资减值准备
25	1503	可供出售金融资产
26	1511	长期股权投资
27	1512	长期股权投资减值准备
28	1521	投资性房地产
29		投资性房地产累计折旧（累计摊销）

续表

顺序号	编号	科目名称
30	1531	长期应收款
31	1601	固定资产
32	1602	累计折旧
33	1603	固定资产减值准备
34	1604	在建工程
35	1605	工程物资
36	1606	固定资产清理
37	1701	无形资产
38	1702	累计摊销
39	1703	无形资产减值准备
40	1711	商誉
41	1801	长期待摊费用
42	1811	递延所得税资产
43	1901	待处理财产损益
二、负债类		
44	2001	短期借款
45	2101	交易性金融负债
46	2201	应付票据
47	2202	应付账款
48	2203	预收账款
49	2211	应付职工薪酬
50	2221	应交税费
51	2231	应付利息
52	2232	应付股利
53	2251	其他应付款
54	2401	递延收益
55	2501	长期借款
56	2502	应付债券
57	2701	长期应付款
58	2801	预计负债

续表

顺序号	编号	科目名称
59	2901	递延所得税负债
三、所有者权益类		
60	4001	实收资本
61	4002	资本公积
62	4101	盈余公积
63	4103	本年利润
64	4104	利润分配
四、成本类		
65	5001	开发成本
66	5101	开发间接费用
67	5301	研发支出
五、损益类		
68	6001	主营业务收入
69	6051	其他业务收入
70	6101	公允价值变动损益
71	6111	投资收益
72	6301	营业外收入
73	6401	主营业务成本
74	6402	其他业务成本
75	6403	营业税金及附加
76	6601	销售费用
77	6602	管理费用
78	6603	财务费用
79	6701	资产减值损失
80	6711	营业外支出
81	6801	所得税费用
82	6901	以前年度损益调整

上表列示的82个会计科目就是房地产开发企业所使用的会计科目。其中绝大部分都是各类企业通用的会计科目，只有个别科目属于房地产业专用的会计

科目。表中所列示的会计科目中,有些会计科目一般企业可能不需要,如"应付债券"科目,只有发行债券的企业才使用,还如"持有至到期投资"科目,只有购买了长期债券,才能使用本科目。企业如果没有相关的业务,就不必要设置相关的科目。

总体来说,房地产开发企业会计科目分为五大类,具体如下表所示。

房地产开发企业会计科目的类别说明

序号	类别	科目说明
1	资产类科目	本类科目用来核算和反映企业各类不同的资产增减变化情况,其中包括了流动资产和各项长期资产。在资产类科目中,"开发产品"和"周转房"这两个科目是房地产开发企业特别设置的科目,其他科目是属于各类企业通用的科目
2	负债类科目	本类科目用来核算和反映企业各类不同的负债增减变化情况,其中包括了各项流动负债和各项长期负债。负债类科目都是各类企业通用的会计科目
3	所有者权益类科目	本类科目是用来核算各项所有者权益增减变化的科目,这些科目也是各类企业通用的科目
4	成本类科目	这类科目有三个,即"开发成本""开发间接费用"和"研发支出"。其中前两个科目是房地产开发企业特有的科目,是用于进行房地产企业成本核算的科目。如果房地产企业本身也有施工队伍,有施工业务,那么还需要在成本类科目中增设"工程施工""施工间接费用""工程结算""机械作业"等科目
5	损益类科目	损益类科目是用于计算企业损益的科目。损益类科目在会计期末都要转入本年利润账户,不留余额。这些科目也是各类企业通用的会计科目

2.账簿设置

为了全面、系统地进行会计核算,房地产开发企业必须设置以下三类账簿,具体如下表所示。

房地产开发企业账簿的类别说明

序号	类别	科目说明
1	总分类账(也称总账)	总分类账是按总账科目(一级科目)开设账户,以提供企业总括的会计信息。根据需要,总分类账通常要开设30~50个账户,分类反映会计信息 总分类账必须采用订本式账簿,其账页格式为三栏式,即金额的部分分为"借方""贷方"和"余额"三个栏目

续表

序号	类别	科目说明
2	日记账	日记账是按经济业务发生的先后顺序,逐日、逐笔进行记录的一种账簿。房地产开发企业至少要设置两本日记账。即"现金日记账"和"银行存款日记账" "现金日记账"和"银行存款日记账"也必须采用订本式账簿,其账页格式也是三栏式,与总分类账的账页格式是相同的
3	明细账	明细账是对某些总账科目的数据进一步明细记录和反映的账簿。对大部分总账科目都需要设置明细账。明细账要按明细科目开设账户。以反映更详细的会计数据

核算04:统一会计核算程序和规则

房地产企业应设置统一的会计核算程序和规则,以确保"三个统一"。
(1)各个会计主体的会计科目设置保持统一,在统一的基础上可以有适当的灵活性。
(2)各个会计主体的会计单据格式、种类和使用方法保持统一。
(3)各个会计主体的财务数据记录和归集程序、账务处理程序、结账与会计报表编制和上报程序、报表汇总与合并程序保持统一。

第四节 税务管理

伴随着房地产的快速发展,涉及房地产的相关税收政策也在不断变化,税收在房地产开发公司的成本中所占的比例相当大,合理、有效地控制企业的税收成本,能有效地降低税收风险,有利于企业的可持续发展。

税务01:房地产企业涉及的税种

房地产开发企业主要涉及的税种有营业税、城建税、教育费附加、土地增值税、房产税、土地使用税、印花税、契税和企业所得税及代扣的个人所得税等,具体如下表所示。

房地产开发企业税种一览表

序号	税种	征税对象
1	契税	以转移土地、房屋使用权的行为为征税对象
2	企业所得税	生产、经营所得和其他所得交纳企业所得税
3	个人所得税	对个人的劳务和非劳务所得征收的一种税,房地产业所涉及最多的是"工资、薪金"所得
4	房产税	以房屋为征税对象
5	营业税	单位销售或转让其购置的房屋或受让的土地使用权,以其全部收入减去房屋或土地使用权的购置或受让原价后的余额为营业额
6	印花税	房地产开发企业销售商品房,与买房人签订购房合同、产权转移数据、营业账簿、权利许可证照等应税凭证文件为对象
7	土地增值税	以土地和地上建筑物为征税对象
8	城镇土地使用税	以土地为征税对象
9	城市维护建设税	城市维护建设税随营业税征收
10	教育费附加	教育费附加随营业税征收

税务02:不同阶段涉及的税种

房地产开发公司从取得土地使用权起至开发销售完毕期间各阶段应纳各税种,如下表所示。

房地产开发不同阶段涉及的税种

序号	阶段	涉及税种
1	前期准备阶段	(1)契税 (2)耕地占用税
2	建设施工阶段	(1)建筑安装营业税 (2)附加税 (3)印花税 (4)城镇土地使用税 (5)预售营业税
3	销售阶段	(1)营业税 (2)附加税 (3)土地增值税 (4)印花税 (5)企业所得税
4	保有阶段	(1)城镇土地使用税 (2)房产税

税务03：纳税筹划

房地产企业的纳税筹划，一方面需要借助其所涉及税种的一般纳税筹划方法；另一方面，也需要利用房地产业税收优惠政策进行具有自身特色的纳税筹划。具体措施如下图所示。

利用土地增值税率临界点进行纳税筹划

变房屋出租为承包业务来进行纳税筹划

变房地产销售业务为代建行为进行纳税筹划

利用货币价值的时间性进行纳税筹划

纳税筹划措施

1.利用土地增值税率临界点进行纳税筹划

税法规定，纳税人建造普通标准住宅出售，增值额未超过扣除项目金额的20%的，免征土地增值税；增值额超过扣除项目金额20%的，应就其全部增值额按规定计税。起征点的规定，决定着存在纳税筹划的空间。这里"20%的增值额"就是人们常说的"临界点"。

2.变房屋出租为承包业务来进行纳税筹划

根据《中华人民共和国房产税暂行条例》第3、4条的规定，房产税依照房产原值一次减除10%～30%后的余值计算缴纳。房产出租的，以房产租金收入为房产税的计税依据。房产税的税率，依照房产余值计算缴纳的，税率为1.2%；依照房产租金收入计算缴纳的，税率为12%。两种方式计算出来的应纳税额有时候会存在很大差异，这就存在纳税筹划的空间。房地产企业可以适当将出租业务转变为承包业务而避免采用依照租金计算房产税的方式。

3.变房地产销售业务为代建行为进行纳税筹划

如房地产企业在开发之初就能确定最终用户，符合代建房的条件，其收入可按"服务业——代理业"税目缴营业税，而避免开发后销售缴纳土地增值税；同时，若企业不符合代建房条件，不论双方如何签订协议，也不论其财务会计账务如何核算，应全额按"销售不动产"税目缴纳营业税。另外，税法规定，建成后按比例分房自用的,暂免征收土地增值税;建成后转让的,再按规定征收。公司可以充分利用好这一系列的税收优惠政策。

4.利用货币价值的时间性进行纳税筹划

货币的时间价值是指货币在周转使用的过程中随着时间的推移而发生的价值增值,它表现了货币的时间性。利用货币价值的时间性进行纳税筹划是一种相对节税方法,它并不改变一定时期的纳税总额,但从各个纳税期限纳税额的变化中获得收益,从而相当于冲减了税收,使纳税总额相对减少。

税务04:涉税风险的防范

涉税风险是指房地产企业涉税行为因为没有正确遵循税收法律法规的有关规定,使得房地产企业没有准确和及时地缴纳税款,从而引发税务机关对企业进行检查、调整、处罚等,最后导致房地产企业经济利益的损失。

1.房地产企业涉税风险来源

房地产企业涉税风险的来源如下表所示。

房地产企业涉税风险来源

序号	风险来源	说明
1	政策选择和政策变化风险	政策选择风险是指纳税人对于政策的选择是否正确存在着不确定性。这种风险产生的原因是房地产企业对政策精神的认识不足导致的。也就是说,房地产企业单方面认为自己所采取的纳税行为是符合国家政策的,但是实际上并不符合国家的政策。政策变化性风险是指税收政策随着经济形势的变化做出相应的变化。这也给税收筹划带来风险
2	操作风险	操作风险是指房地产企业对有关税收优惠政策的运用不到位或在税收筹划过程中对税收政策的整体性把握不够,税收筹划中顾此失彼,导致税收筹划失败
3	经营风险	房地产企业的生产经营活动不是一成不变的,经营活动的变化要求税收筹划方案随之发生改变。这样会导致已经计划好的税收筹划可能已经不适合。所以经营活动的变化很可能影响税收筹划方案的实施
4	执法风险	税务风险与税收的执法情况有很大的相关性。税收执法力度大,税收筹划的风险就较大
5	收益小于成本风险	房地产企业税收筹划的目的是获得利益,如果税收筹划收益小于成本,房地产企业就达不到税收筹划的目的
6	遵从风险	遵从风险是指企业没能掌握最新的税收政策,并且未能根据最新的税收政策调整自己的纳税行为所产生的风险。主要原因是企业缺乏外部组织机构对企业纳税行为的审查。遵从风险是所有企业纳税风险中最大的一种风险

续表

序号	风险来源	说明
7	核算风险	核算风险是指企业因为没有准确核算税金，最终导致企业利益的损失。例如：企业没能正确核算会计规定和税收政策的差异、企业缺乏内部控制措施等，最终导致会计核算系统提供了不真实的纳税数据和信息
8	员工风险	员工风险是指企业因为人的原因而导致未来利益损失的不确定因素。例如：税务管理岗位员工频繁变动；员工的丰富经验未能被书面留存；员工缺乏责任心，导致企业未按规定及时申报纳税。员工风险是所有纳税风险的根本风险，它是最难控制和管理的
9	信誉风险	信誉风险是指外界因企业税务违规行为而对企业信誉的怀疑并导致其未来收益损失的不确定因素。例如：企业因欠税问题被税务机关公告；企业因偷税问题被媒体报道，使得合作伙伴突然中止谈判

2.风险防范措施

房地产企业可以采取下图所示的几大措施来防范涉税风险。

树立风险防范意识

房地产企业自身应做到建立健全内部会计核算系统。完整、真实和及时地对经济活动进行反映，准确计算税金，按时申报，足额缴纳税款

提高操作人员素质

提高税收筹划设计人员的业务素质，加强税收政策的学习，有效降低和防范房地产企业税收筹划风险

树立纳税意识

树立正确的纳税意识和税务筹划风险意识，把纳税筹划与偷逃税区别开来

关注税收政策变化

企业在进行纳税筹划时，应充分收集和整理与企业经营相关的税收政策及其变动情况，在实施纳税筹划时，充分考虑筹划方案的风险，然后做出正确决策

房地产企业涉税风险的防范措施

及时与税务机关协调

房地产企业税收筹划的合法性需要税务行政执法部的确认,在这样的情况下,房地产企业应及时与税务机关协调一致

房地产企业涉税风险的防范措施

3.涉税风险控制步骤

房地产企业可以加强涉税风险的控制,具体步骤如下图所示。

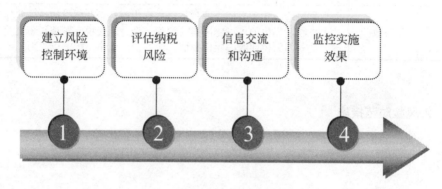

房地产企业涉税风险控制步骤

(1)建立风险控制环境　建立风险控制环境包括建立风险控制策略和目标,主要取决于企业管理层的纳税文化和要求。企业管理层在建立书面纳税风险控制策略和目标时,应明确下图所示的几点。

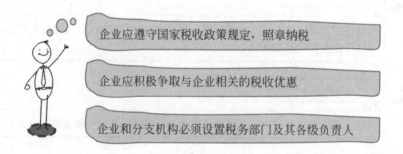

建立书面纳税风险控制策略和目标的要点

(2)评估纳税风险　评估纳税风险就是对企业具体经营行为涉及的纳税风险进行识别和明确责任人,是企业纳税风险管理的核心内容。需要考虑下图所示的几个问题。

1　理清企业有哪些具体经营行为

2　分析具体经营行为的涉税问题

3　分析涉税问题的纳税风险

4　设置和纳税风险相关的工作岗位及责任人

评估纳税风险需考虑的问题

（3）信息交流和沟通　信息交流和沟通是整个纳税风险控制工作平稳运作的润滑剂，具体要求如下图所示。

加强对风险管理涉及部门和人员的培训及沟通

让风险管理涉及部门和人员熟知纳税风险控制策略及目标

书面记录纳税风险管理的流程和结果

信息交流和沟通的要求

（4）监控实施效果　为了确认纳税风险措施在企业内部已经落实实处，并取得相应的效果，采取一定的措施来监控实施效果是非常必要的。监控实施效果就是检查和总结纳税风险管理的效果，目的就是要查出下图所示的内容。

管理在哪里失效

 目标在哪里没有达到

 又产生了哪些新风险

 将采取什么措施来解决上述问题

实施监控效果的目的